秘境！ 異境？ 魔境!?

いま行っておくべきレッドゾーンの鉄道駅

札幌、横浜、稚内…こんな駅もレッドファイル入り!?

JN209295

5 第1章 もうすぐ廃止されてしまう駅

7 秩父別（JR北海道留萠本線）

11 目名（JR北海道函館本線）

15 三厩（JR東日本津軽線）

19 津軽大沢（弘南鉄道大鰐線）

23 国吉（いすみ鉄道いすみ線）

27 猿猴橋町（広島電鉄本線）

31 長門本山（JR西日本小野田線）

35 肥薩線の各駅（JR九州肥薩線）

39 第2章 いつなくなってもおかしくない秘境駅

41 小幌（JR北海道室蘭本線）

45 板谷（JR東日本奥羽本線）

49 大前（JR東日本吾妻線）

53 板荷（東武鉄道日光線）

57 只見（JR東日本只見線）

61 土合（JR東日本上越線）
65 閑蔵（大井川鐵道井川線）
69 小和田（JR東海飯田線）
73 坪尻（JR四国土讃線）
77 宗太郎（JR九州日豊本線）
81 第3章 いつしか時代に取り残された駅
83 折渡（JR東日本奥羽本線）
87 奥新川（JR東日本仙山線）
91 芝山千代田（芝山鉄道芝山鉄道線）
95 海芝浦（JR東日本鶴見線）
99 ガーラ湯沢（JR東日本上越線）
103 平岩（JR西日本大糸線）
107 船町（JR東海飯田線）
111 東名古屋港（名古屋鉄道築港線）
115 和田岬（JR西日本和田岬線）

119 備後落合（JR西日本芸備線・木次線）
123 津島ノ宮（JR四国予讃線）
127 清和学園前（とさでん交通後免線）
131 大行司（JR九州日田彦山線BRT）

135 **第4章 駅はなくならないかもしれないがレッドファイル入りの駅**

137 稚内（JR北海道宗谷本線）
141 札幌（JR北海道函館本線）
145 奥津軽いまべつ（JR北海道北海道新幹線）
149 十和田南（JR東日本花輪線）
153 東京スカイツリー（東武鉄道伊勢崎線）
157 国道（JR東日本鶴見線）
161 横浜（相模鉄道相鉄本線）

165 おもな参考文献
166 おわりに

第1章

この章では、路線そのものの存続が危ぶまれている駅を集めてみた。いま、日本の鉄道は大きな転換期に差し掛かっているように見受けられる。大きな災害が発生するごとに、どこかの路線が不通になり、その状態が長く放置される。過疎化が進み、地方の路線の利用客数は減少を続けているが、これを挽回する有効な手だては見つからず、鉄道事業者自身が半ば匙を投げた状態になっている。けれども、この状況は何とか変えてゆくべきはずで、解決の鍵はごく身近な所にあるのかもしれず、思わぬ副産物の先に新しい道が続いているかもしれない。何よりも、駅が地域のコミュニティを育む場所であることを。駅があって、そこに人が集う仕組み作りに今一度取り組むことは、決して難しい仕事ではないはずだ。

秩父別

JR北海道留萌本線

1910(明治43)年11月23日開業

北海道開拓の時代に開設された駅。
鉄道の全盛の時代には相応の存在感を発揮していたが、
鉄道衰退と共に存在価値を希薄にし、鉄道の廃線とともに姿を消すことになる。

屯田兵によって拓かれた土地に作られた鉄道

駅名は「ちっぷべつ」と読む。語源は北海道の先住民であるアイヌ民族の言葉の「チプ・ペッ」（舟の川）が転化したものであるという。石狩平野の北端に位置するこの町は、明治中期に屯田兵が入植して町が拓かれた。屯田兵は明治政府が北海道開拓のために新設した兵士部隊で、明治維新によって職を失うことになる下級武士を救済するという側面も有していた。屯田兵は道内の37か所に7337名が入植したという。

当駅が開業したのは明治末期のことで、秩父別に屯田兵が入植したのは1895（明治28）年から翌年にかけてのことだから、開拓は相応の成果を残したということになる。もっとも冬の厳しさは本州以南の比ではない北海道の農民が置かれた環境は過酷なもので、当初に描かれた青写真とは、異なる状況が多発した。もちろん、北海道の自然は今も当時と変わりない。開拓が進められた時代には、夢の大地と謳われたこの国は、今は人口の減少に伴う経済の衰退にさいなまれ、幾重もの難しい選択を強いられている。

秩父別駅が設けられた留萌本線は函館本線の深川駅から分岐して、日本海沿いの良港が控える留萌を結ぶ路線として建設され、その後、線路は増毛駅まで延長された。さらに札幌駅までの延伸も計画されていたとされ、もし全線が開通していたのなら、路線の役割、その後に辿った道も実際とは大きく異なっていたことだろう。留萌港で水揚げされる海産物を迅速に運ぶことができる交通機関の建設は、留萌地方の人たちにとっての悲願であり、鉄道の建設は地域の経済を豊かにするものと考えられた。留萌本線は1921（大正10）年11月5日に増毛駅までの延伸を果たしている。

留萌本線の全盛期は、日本の多くの鉄道路線と同様に、昭和30年初頭から、昭和40年代中ごろにかけてのこととなった。旅客だけでなく、石炭や、木材を運ぶ貨物列車が設定され、1965（昭和40）年10月には準急「ましけ」がキハ55系を使用して運転を開始し、この列車は翌年3月5日に急行に格上げされた。夏には留萌本線に海水浴のための臨時列車も運転されており、鉄道が陸上交通の主役だった時代の賑わいが窺える。1970年代後半においても、深川駅と留萌駅の間には、上下合わせて1日30本以上の列車が運転されているから、これは十分な利用価値を備えた鉄道である。つまりは地域の経済が順調に発展し、そこに人が住まっていたから、鉄道にもそれにふさわしい需要があったということだろう。それは屯田兵の入植から、およそ70年後のことであった。

住民の拠り所だった駅が姿を消してゆく

秩父別の豊かな自然は今も昔と同様である。町は地域の農産の中心となり、道の駅に併設される形で温泉施設も作られている。農産物をテーマにした観光施設もあり、これは近年流行のアクティビティを楽しめることがセールスポイントだ。

しかし、留萌本線を取り巻く環境は、日ごとに厳しさを増している。現在、留萌本線に運転されている列車は1日7往復のみで、昔日のまま残された「本線」という呼称が似つかわしくないローカル線の様相を呈している。さらに7往復の普通列車の中には秩父別を通過するものもあるから状況は深刻ということになるのだが、そもそも地域住民とて、もはや鉄道を毎日の生活の頼りとはしていないのだろう。こうして、利用客離れの進捗と、それに伴う利便性の切り捨てという負のスパイラルが展開されている。

ＪＲ北海道は、すでに留萌本線の廃止を決定しており、この路線の最後に残された深川駅〜石狩沼田駅の間も２０２６年３月末の廃止がアナウンスされている。ここに至るまで、存続を巡る地元との協議も繰り返されてきたが、経済が衰退し切った地元自治体に存続を訴える切り札はなく、状況が悪化を続けているのはＪＲ北海道にしても同じことなので、やはり出すべきカードがないというのが現状なのだろう。こうなると、鉄道存続のための方策は、ＪＲ発足時まで議論を遡らさせなければならず、それは詮無い話となる。これがＪＲ発足直後であれば、軌道修正もまだ容易であったことだろうが、今日では、天変地異でも起こらない限り、地域の自治に変革がもたらされるとは思えない。地位を得たものは、その地位にしがみつこうとするのが、人の常だからである。

近世以降の日本では、駅は地域経済の拠点であり、欧米諸国における教会の役割にも似た、住民の心の拠り所として地域住民に親しまれてきた。留萌本線が廃止されれば秩父別を含む４つの駅が姿を消すことになり、それは本線を名乗る駅のものとしてはあまりにも少ない数字ではあるのだが、地域の拠点がまた失われてゆくことになる。

目名

JR北海道函館本線

1904(明治37)年10月15日開業

SLブームで聖地とも呼ばれた場所。
古く明治期に開業した駅だが、鉄道の地位の低下に伴い、
その役割を終えようとしている。

いち早く建設が進められた函館本線

ブームというものは、いったい何を理由として沸き起こり、何を理由として消え去ってゆくのだろう。江ノ島電鉄の海に近い踏切における近年の阿鼻叫喚とでも形容したくなる人の殺到や、朝から行列ができる飲食店などにはどれも似た性格があって、同様の環境は全国に無数にあるはずなのに、一点のみに人が集まる。

江ノ島電鉄のあの踏切は、コミックに採り上げられたことで人が殺到することになったと伝えられるが、隣にある踏切は、海が見えても見物客がいることは稀なのだから不思議な話で、つまり、それがブームというものなのだろう。潮の満ち引きにも似た人の流れは、人と同じことをしておかないと気が済まないという強迫観念にも似た人の心理が、流行り廃りを加速させているようにも感じられる。人の世の中にある幾多の流行を否定することはできないし、する必要もないのだが、ブームが去った後に目の当たりにさせられる蝉の抜け殻のような風景に、やるせない気持ちにさせられることは多い。

函館本線のこの駅は、北海道の南に延びる渡島半島の、ボトルネックとなる部分のほぼ中央に位置している。駅の周囲には平地が広がっているが、それは周囲を山に囲まれた狭いもので、駅を出た列車は山越えを強いられることになる。遠い昔の鉄道の主力であった蒸気機関車は、上り坂には弱い車両だったから、山越えの区間には腕の良い機関士が集められたが、蒸気機関車の写真を撮る者にとっては、機関車が大量の煙を吐き出す峠越えの姿は恰好の被写体となる。国鉄（日本国有鉄道＝現在のＪＲの前身）の蒸気機関車の最末期には、そういった名所の数々が知られ渡るようになり、多くの猛者を集めたのである。

1904（明治37）年10月15日。北海道鉄道は歌棄駅と小沢駅の間を開業させて、これで函館駅と高島駅の間が全通した。この時の高島駅が現在の小樽駅で、歌棄駅が現在の熱郛駅である。北海道の鉄道は、幌内地区で産出される石炭を手宮港に搬出するために建設されたのが始まりであったが、函館と小樽を結ぶ鉄道も、これだけ早い時期の完成を見ている。近世までの交通機関では到底不可能だった、高速、大量輸送を可能にする鉄道は、日本の近代化を進める上で欠かせない交通機関と目されたのである。大正末期に現在の千歳線が開通すると、平坦な千歳線を経由するルートがメインラインとなり、急こう配と急曲線が連続する函館本線は、裏街道的な扱いとなった。そして長万部駅と小樽駅の間の区間には「山線」という呼び名もつけられた。それは昭和初期のことであった。

また一線、日本の鉄道が地図から消えてゆく

この「山線」、そして目名駅と、今は姿を消してしまった上目名駅が、ブームの舞台となった時代があった。それは1968（昭和43）年の秋から1971（昭和46）年の秋にかけてのことで、函館駅と札幌駅を結ぶ急行「ニセコ」が運転を開始し、この列車は長万部駅と小樽駅の間、すなわち「山線」の区間でC62形重連がけん引役を務めたのだった。

C62形といえば、元々は東海道・山陽筋などの高規格の線路の上のみを走るべく製作された機関車であり、その機関車が、軸重軽減装置の追加などの改造が施されたとはいえ、急曲線と急こう配が連続する「山線」で、しかも重連で運転されるというの

は、青天の霹靂とでも呼ぶべき出来事となった。函館本線中でも半径240mのS字カーブで峠を越える目名峠は撮影の名所となり、サミット近くに設けられた上目名駅の利用客のほとんどは、蒸気機関車を撮影するためにここにやって来た鉄道ファンだったとも言われている。1968（昭和43）年の秋といえば、長く続けられてきた国鉄の体質を改善する工事が一応の段階に達し、全国で列車の運転速度向上などの改善が実施された。当月の時刻表の表紙には、寝台電車583系が登場し、この10月1日に全線が複線電化された東北本線を象徴する存在となったが、同じその時に、函館本線では蒸気機関車の重連がけん引する急行列車が運転されていたのである。それは、幾ら輸送力の増強を図ってみても、全国のニーズを賄うことはできず、対応が後手後手となっていた国鉄を象徴する事象でもあった。

そんな兵どもの夢の舞台となった「山線」の廃止が決定したのは2022年3月のことだった。

全長140㎞の廃止は大規模なものだが、北海道新幹線の札幌延伸工事が完成すれば、倶知安と小樽（駅名の仮称は新小樽駅）には新幹線の駅が設けられる。もちろん、これで函館本線の輸送需要を代替できるわけではなく、余市などは鉄道の無い町となる。そのことが、地域の姿をどう変えるのかは未知数だが、鉄道が失われたことで、町が核を失い、経済的な地盤沈下を起こしてしまった例は数多い。それは国が掲げている「地方創生」とは真逆のベクトルのようにも思われるのだが、それを是正しようとする動きは、あまりにも脆弱だ。「山線」の廃止で目名を含めた幾つかの駅が、また日本の鉄道地図から削り取られることになる。

三厩

JR東日本津軽線

1958（昭和33）年10月21日開業

本州の北辺を走るローカル線の終着駅。
北海道連絡で脚光を浴びた時期もあった路線だが、
新幹線の開業と災害の発生によって、その役目が終わろうとしている。

地方ローカル線を巡る現代の複雑な状況

「線路に並行する道路が完成した時点で鉄道は赤字となる」という考え方がある。鉄道の黎明の時代には、世界のあらゆる国で、道路は未発達だったろうし、競合交通機関も限られていた。未舗装の道路を長く走り続けることは人間にも車にも負担が大きく、高速での移動もできない。それであれば、平滑なレールの上を走る鉄道の方が、乗り心地でも、速達性でも分がある。鉄の車輪と鉄のレールの組み合わせで走る鉄道という交通機関は、鉄道発祥のイギリスにおいても文明の利器であったはずだ。

しかし、地面という地面がアスファルトで固められると、事情は異なって来る。車の乗り心地は快適になり、高速での移動が可能な専用道も生まれた。こうなると、鉄道本来のアドバンテージが失われることになる。もちろん、大量、高速輸送はまだ鉄道に分があるにしても、車には小回りが利くというアドバンテージがある。今は道路の無い所に鉄道は無いという状況になっている。鉄道はインフラを自前で建設、維持しなければならないから、並行する道路ができてしまったら勝ち目がないのは自明の理となる。

本州の北端を走る津軽線においても、もちろん道路は並行する。この路線の当初の目的は、津軽半島を一周する線路の建設であったというが、半島の中央部には津軽鉄道の線路が延びて、国鉄が建設したのは、海岸の近くに延びる盲腸線のみということになった。純然たる私鉄である津軽鉄道が、人口の過疎地帯を走るにも関わらず、変わることのない経営を続けているのはたゆまぬ企業努力の賜物なのだろうが、全国で過疎化が進む今の日本では、このような環境下にあるローカル線は少ない。

津軽線の役割が大きく変わったのは、1988（昭和63）年のことで、3月13日の青函トンネル（津軽海峡線）の開通に伴い、青森駅と中小国信号場の間が交流電化され、JR貨物がこの区間で営業運転を開始した。これは第二種鉄道事業に拠るもので、自らが建設した鉄道以外での輸送を行うというものだが、4年ぶりの貨物列車の運転であった。

津軽海峡線が、既存の津軽線の施設を一部転用して利用することは、当初からの計画に沿ったものだったが、これによって津軽線が脚光を浴びる存在になった一方で、津軽海峡線とは縁の薄い存在となる中小国信号場以北との格差は明確になった。もとより、人口の少ない地域を走る津軽線のことである。北辺の盲腸線のその後が希望に満ちたものとならないことは明白だったが、ともあれ、賽は投げられたのだった。

災害によって鉄道は不通に。地元も復旧を断念

2016（平成28）年3月26日には北海道新幹線の新青森駅と新函館北斗駅の間が開業した。青函トンネルは当初から新幹線での利用を前提として建設されており、ここに至るまでには紆余曲折があったものの、予定された地点への到着となった。

この開業によって、津軽線は北海道と本州を連絡する路線としての役割は希薄になった。そして2022年に災害が発生する。8月3日と9日の大雨によって、蟹田駅と三厩駅の間で運転される旅客列車が運休となったのである。運休区間には1日3往復の代行バスが運転されることになった。津軽線が北海道と本州を結ぶ動脈であったことを思えば、この

1日3往復と言う設定は淋しい限りだが、この本数で需要が賄えてしまうのが、現代のローカル線のニーズだった。そして2023年10月に、蟹田駅と三厩駅の間を廃止したいとするJRの方針が打ち出された。

もちろん、地元にしても鉄道の廃止は受け入れ難いもので、鉄道存続のためのJRとの協議が開始されたが、数億円という復旧のための費用を負担することは困難で、2024年5月23日には、今別町長が鉄道の復旧を断念する声明を発表した。目下のところ、鉄道に代わって自動車運輸を行うNPO法人が立ち上げられる予定であることが報じられているというのが現況である。

鉄道はインフラの維持に莫大な費用を要する交通機関だから、何かあったなら地元が復旧費用を負担しろというのは無理な話で、それこそこれが降って沸いた災難というものである。自治体に費用負担をする余力がないことを知った上で、それが無理なら廃線にすると鉄道会社が言い切ってしまうのは、対応が難しい注文に違いないが、さりとてJRとて民営の会社なのだから、利益を追求することは至上命題となる。どちらの側にも言い分があり、しかし、それを遵守すると話し合いは平行線のままで終わる。この図式が繰り返されていることに近年の日本の不幸があり、誰かがこれを変えなければならない時期が来ている。

JRに望みたいのは、恐らくは利用者の根底に渦巻いているだろう不信感を拭ってみせることであり、信頼の回復である。そのための方策はどのようなものでもよく、それは決して回り道とはならないはずだ。

津軽大沢

弘南鉄道大鰐線

1952(昭和27)年1月26日開業

青森県の弘前を拠点として2路線を有する弘南鉄道。
そのうちの1本である大鰐線は、2027年度末での休止が発表された。
また一つ、地方私鉄の路線が姿を消す。

地方私鉄の魅力が詰め込まれている大鰐線

私たち鉄道ファンにとって、地方私鉄の探訪には格別の楽しみがある。それは画一化が進んだJRとは異なり、各私鉄ならではのテイストを楽しめることで、車両ばかりではなく、駅舎や、線路施設や、あるいは切符の販売方法に至るまで、人それぞれに、興味の対象は非常に多岐にわたり、そして、鉄道各社で味わいが異なる。インターネットを誰もが当たり前に使うようになって、世界中の風景を自分の端末で見ることができるようになっても、それぞれの土地の空気感までは、行ってみなければ解らない。意外な驚きに出会うこともあれば、当てが外れることもあって、けれどもだからといって、旅をしてきたことを後悔することなどない。必ずなにがしかの思いを抱かせてくれることが、鉄道探訪の旅なのである。

そして、各路線の車庫を訪れることも必須で、昭和の中頃までは、詰所に出向いて挨拶をすれば、あとは自由に車庫内を歩かせてくれる所も多かった。もちろん、車両の入れ換えなどがあれば、ファンが車庫内を歩くことなどできないが、日中の閑散時であれば、車両が動くことなど稀なのが地方私鉄で、ファン同士、「飲み物と軽食があれば一日いられる」とか、「車庫の裏手に食べ物屋がある」とか、「あの車庫は、電車が発車する時に、構内の照明が一瞬暗くなる」などといった、真偽のほどが不明な、いささか秘密めいた会話ができることも、探訪の旅に付随する楽しみだった。

そんな地方私鉄の路線の一つが、また一つ消えてゆく。それは弘南鉄道大鰐線で、2024年11月27日の発表によれば、2027年度末での運行休止を予定しているとのことで、理由はもちろん経営の悪化。収支の改善が見込めないためであるという。経営の悪化は、電気料金の高騰なども一因であるといい、大手の鉄道会社ではさしたる問題とされないような（もちろん、問題ではあるのだろうが、対外的にアナウンスされるようなことはない）問題であっても、地方私鉄にとっては切実な問題となるのだろう。沿線自治体首長も、当然会社の収支は把握しているから、無闇に反対することはできず、自治体の経済も疲弊が続く中で鉄道を救う特効薬もない。これまでに幾度も繰り返されてきた別れの儀式が、また行われることになる。

やがて消えることになる50年の歴史を刻んだ車庫

「すでに失われるべき鉄道はすべて姿を消した」。ファンの間でそんな言葉が交わされてきたことは、これまでに何度もあるのだが、実際にそうはならず、鉄道の廃止は21世紀になってからも続いている。

私たちファンは神ではなく為政者でもないから、どんな悲しいできごとがあっても、それを受け入れるしかないのだが、そこでストレスが生じることもあり、近年になって多方面から指摘されるようになった鉄道ファンのマナーの悪さ（ここでは一部などという但し書きはつけない）は、もしかしたら、このストレスが蓄積されていることに、一つの理由があるのかもしれない。マナーはマナーであって、どんな時でもそれを遵守できるから、人が紳士、淑女と呼ばれるということは言うまでもないことであるが。

2路線のある弘南鉄道のうち、大鰐線はアクセスの悪さのせいか、もう1本の弘南線よりも地味な役回りだった印象もあり、けれどもそれもこの路線のテイストとして、味わいのあるものだった。

それでは弘南線が恵まれているかといえば、経営的な厳しさにさしたる変わりがあるはずもない。弘南線に所属する7000系電車にしても今日では貴重な存在で、あの形式独特の走行音を珍重するファンも少なくない（少なくないのだから、変わり者とは言えない）。大鰐線の休止後は、車両の再編成があるのかもしれないが、いま働いている車両は一日も長く現役を続けてもらいたいものである。

津軽大沢駅は、大鰐線の車両検修所が設けられている駅である。検修所が開設されたのは1971（昭和46）年11月のことと意外に遅いが、これはこの路線の検修所がそれまでは現在の弘前学院大前駅に隣接する形で設けられ、この年に津軽大沢に移転したことによる。それもあってか、津軽大沢駅にある検修所は、こじんまり、小綺麗にまとまっている印象もあり、至る所からお宝が現れてきそうな地方私鉄の車庫にありがちなイメージとは少し異なっている。もっとも、現在の車庫とて50年以上使用されているわけだから、すでに十分な時が経っているということになるのだが。

そんな津軽大沢駅も、大鰐線の全駅と共に姿を消すことになる。路線の廃止後は駐車場やバス車庫になることが多いのが鉄道施設の常だが、何だかのモニュメントは残して欲しい。それが小さな碑一つであっても、それがきちんとした姿をしていれば、見る者はそこに人の心を感じ取ることができる。

大鰐線の廃止予定は2027年度末。だから今、大鰐線を使って通学している中学生、高校生は、卒業までは、この電車を利用できることになる。弘南鉄道の社を挙げての、地元への恩返しなのだろう。

国吉

いすみ鉄道いすみ線

1930（昭和5）年4月1日開業

第三セクター鉄道活性化を象徴した駅。
活性化策によって姿を変えたが、今はまた元の静かな姿に戻りつつある。
公募社長の時代は終焉を迎えたのだろうか。

公募社長の登場によって生まれた新たなベクトル

今はもう店が閉められてしまったけれど、アメリカ・ロサンゼルスの空港から、路線バスで15分ほどの住宅街の中に、世界でも最大級と賛辞を贈りたくなる鉄道模型の店があった。店の外観は、町の景観を崩してしまうことがないよう配慮してか、ごく普通の木造の建物であったが、一歩店の中に入ると、そこには広大なワンダーランドが広がっていた。

鉄道模型の店も、例えば釣り道具店とか、オーディオの店などと同様に、大道具、小道具を何から何まで揃えなければならないのが掟で、部品を取り付けるネジ一つでも0・1㎜単位で差異のあるものすべてを揃えていなければならない。何しろ客はそのほとんどが、その道に生きる偏屈王、巌窟王なのであるから、店の側も客が備えた深くて狭いベクトルへの対応ができなければペケである。ロサンゼルスのその店は、それに応えるだけの圧倒的な売場面積、品数を揃え、それよりも唸らされたのは、店の片隅に、木製の滑り台までが鎮座していたことだった。これは売り物ではなく、自由に遊ぶためのもの。すなわち、お父さんがショッピングに夢中になっている間、子どもたちとお母さんはそこで待っていてね、という店のメッセージなのであった。これこそが矜持というものだろう。

千葉県のいすみ鉄道が第三セクター鉄道として再スタートを切り、一呼吸置かれてから、さらなる活性化を求めて社長が公募された。大変な倍率を勝ち抜いて抜擢された新社長は根っからの鉄道好きであり、前職である航空会社勤務で得たノウハウを活かして、さっそく幾つもの活性化策を実現させた。

「JRが見捨てた路線にさらにスリム化を強いて、それで儲けてみせろというのだから、難儀な話だ」と、新社長は抱負とも呪いの言葉とも取れる台詞を口にしながら、沿線に菜の花の種を撒いたり、線路の脇に童話『ムーミン』に出て来るキャラクターを模した人形を並べたりして、お伽話の世界に通じる楽しい世界を構築していったのである。そんな作戦の舞台の一つに選ばれたのが、国吉駅だった。

社長交代後は様々なプロジェクトが縮小傾向に

この駅も、ご多聞に漏れず、近隣の住民が利用するだけの無人駅だった。新社長はそこに『ムーミン』を扱ったグッズを揃える売店を作った。『ムーミン』が描かれたものは、マグカップであれ、ノートであれ、すべて揃えるという方針である。「文房具であれ、マグカップであれ、それを専門的に扱っている店は、全国に無数にあります。けれども、商品のジャンルに囚われず、『ムーミン』ばかりをすべて揃えている店は、全国でも国吉駅だけではないでしょうか」と社長は胸を張り、「大切なのは、上向きのベクトルを作ることなのです。それまでは人影もなかったような無人の駅に人が集まり、年間に何百万円も稼げるようになれば、人の評価も変わってきます」と、手応えを口にした。

さらに国吉駅には、ホームに接する空き地にベンチを置いて、乗客が列車を待つことができる場所として開放し、駅名を「風そよぐ谷　国吉」に改めた。駅名はネーミングライツを用いたもので、新社長がいすみ鉄道に赴任する前から経営してきた会社がこれを買い取ったのだった。駅のホームの下に広がる広場は、手入れの行き届いた庭園というわけではなかったが、童話の世界に通じる楽しい場所となった。

元来、駅とは広い敷地にゆったりと作られるべき施設で、大都市の高架駅でもない限り、その気になればホームに立ち入ることも可能だ。そもそも、鉄道というシステムは鉄道事業者と、利用者の相互信頼の関係の上に成立している部分もあり、それが失われてしまうと、駅も線路も何もかもが金網で覆われてしまうことになる。もちろん、安全性の確保が大前提であることに否定する余地はないものの、例えばヨーロッパの高速鉄道が、柵のない線路の上を走っている姿を見ると、わが国と彼の地との、伝統、文化の違いを思い知らされるのである。

その後、いすみ鉄道にやって来た公募社長は、数期を務めた後、他の鉄道会社の社長へと転身し、いすみ鉄道には、後任の社長がやって来た。ただ、ファンにとっては残念なことに、前社長が手掛けた幾つかのプロジェクトは縮小の傾向にあり、元・国鉄形気動車を用いた食堂車の運転が終了し、国吉駅のムーミン売店もクローズされた。ホーム下の広場がどのようになったかは詳細が伝わってくることがないが、便りの無いのは良い便りと考えるしかないのかもしれない。それが、ファンにとっての最大限の譲歩である。

公募社長が思うところを示すことができるかどうかは、結局は為政者の度量に委ねられるのだろう。しかし、為政者にとって大切なのは、鉄道よりも自分が座る椅子ということなのかもしれない。難儀なことである。ファンにとっても。

猿猴橋町

広島電鉄本線

1912(大正元)年11月23日開業

駅前の再開発によって、路線変更と停留所の廃止が決定した広島電鉄。
停留所の廃止は淋しいが、大きく変わる街の姿が、
路面電車の新標準となることを期待したい。

新たな都市計画に則って線路位置を変更

「えんこうばしちょう」と読む広島電鉄本線の停留所。広島駅からわずか200mの地点にあると聞けば、この停留所のことを思い出す人もいるかもしれない。停留所名は近隣を流れる猿猴川に架かる猿猴橋からで、それが停留所の名にも採られた。最初に橋が架けられたのは古く安土・桃山時代のことと伝えられ、現在の橋は1926（大正15）年に完成したもので、被爆橋梁の一つに数えられている。

この停留所も2025年の廃止が発表されている。それは広島市が公表した「広島駅南口広場の再整備等に係る基本方針」に沿うもので、この方針では、十分なキャパシティが無いことから、バス、路面電車の円滑ができなくなっている広島駅南口について、これを再整備することで、ターミナルとしての機能性を向上させようというものである。広島電鉄の軌道については、広島駅停留場と的場町停留場間の現行のルートを廃止して、駅前大橋を経由する高架線とし、広島駅ビルの2階に乗り入れる。新しいルートは広島駅の南西側にある稲荷町交差点から駅前大橋の上を渡り、JRの線路と直角になる角度で広島駅に達する形となる。駅ビルの2階に入ることから、JRとの乗り換えはスムースになり、雨の日でもストレスなく乗り換えが可能になる。もちろん、この改良工事に伴って、必要とされる設備の拡幅などの改良も行われることになり、安全性も向上することになる。

いつの頃からか、輸入されたLRTという言葉が一人歩きを始め、その基本的な考え方を理解しないまま、近代的なスタイリングの低床式電車さえ導入すれば、日本の都市交通が抱えている諸問題がすべて解決するような風潮が生まれたが、そのようなうわべだけ景気が煽られながら、日本の路面電車の地位は、依然として高くはない。まだまだ恵まれた境遇にあるとは言えない日本の路面電車が、あるべき姿を獲得できる一つの契機になるのが、この改良工事となるのかもしれない。もちろん、わずかな区間の改良ですべてが解決することはないだろうし、開業時にはまたぞろ、「広島電鉄新駅のここがスゴイ！」という深い考察のない文章がメディアに溢れることだろうが、せっかくの大工事の実施である。自治体と鉄道事業者は、後世になって、日本の新標準は広島駅から始まったと評されるような展開を見せて欲しいものである。現在発表されている予定では、現行の猿猴橋町停留所は、2025年の夏には廃止となる見込みとなっている。

改良工事の実施を恰好の機会に仕立てたい

日本の路面電車の歴史を振り返ってみても、全国の都市にかなりの数の路面電車が建設され、しかしそのほとんどが姿を消してしまった。車の通行の邪魔になるという、かなり乱暴な考え方が正論と捉えられ、そして路面電車が姿を消した後に、その存在を惜しむことが繰り返されている。伝統を守ると口では言いながら、実はこれをとても不得手としているのがこの国で、雨や地震、さらに近世までは火事が多かったことも、そういった民族性を作り上げる要因となったことだろう。人の心の奥に潜む行動の原理は、使う道具が変わってみても簡単には変えることができないのが常だから、そうそう簡単には人の性格までが変わることもないのかもしれない。建て替えの必要は認めても、さまざまな思惑、しがらみによって、思い切った改良が施されることがないことが多いのが日本の街だから、この改良工事の実施も、恰好の機会と捉えてみたい。

鉄道ファンの多くは、センチメンタリズムを重要視する傾向があり、駅舎の屋根一つを吹き替えるだけでも賛否両論、というよりも非難の嵐が巻き起こる。けれども、諸氏が自宅の冷蔵庫や洗濯機、給湯器までを、年代物で揃えているとは考えられず、ファン自身が、人の言動に左右されることなく、きちんとした評価を下せる時代が訪れて欲しいものである。そのための知識の蓄積であり、研究であるはずだ。

広島電鉄が「動く電車博物館」を標ぼうして注目されたのは、1970年代から1980年代のことだったか。同様の動きは他の鉄道会社でも起こり、古い物を大切に残すことの大切さが広く示され、今は多くの鉄道会社が、鉄道遺産を保存することに力を注いでいる。これからも同様の動きは、広島電鉄でも他社でも起こることだろう。それであれば広島電鉄の新駅も、例えば新横浜にあるラーメンの複合施設のように、路面電車の駅の一角だけを、50年前にタイムスリップしたような空間に仕立ててくれれば痛快で、一つの指針となるに違いないのだが…。さすがにそこまでは無理だろうか。けれども、そういった楽しい演出を求めているのは、ファンよりも一般利用者の側であるかもしれない。

かつては自動車の邪魔とされていた路面電車は、今日では未来の都市交通の主役となる期待が寄せられている。自動車専用道路を高架から地下に移設して、浮世絵に描かれた日本橋の姿を再現しようという案までが論議されるようになった。環境に優しい路面電車の出番はこれからである。

長門本山

JR西日本小野田線（本山支線）

1937（昭和12）年1月21日開業

山口県に残る盲腸線の終着駅。
かつては多くの人に利用されたが、今日は列車の運転本数は3往復のみとなり、
存在意義がほぼ失われている。

かつては炭鉱に従事した人を運んだ路線

本州の西の端に、営業距離2・3㎞の盲腸線がある。通称は「本山支線」。JR小野田線の雀田駅から分岐し、途中に浜河内駅1駅をおいて、終着の長門本山駅に至る路線だ。1日の運転本数は、わずかに3往復。朝に2往復が運転された後、夕方に1往復が運転される。これがこの線区で運転される列車のすべてで、完全に通学輸送の形態となっているのだが、いくらなんでもこの本数ではまっとうな通学輸送をしているとは言い難い。授業の時間が変更されることだってある。事実、朝の列車を見ていても、鉄道を利用している学生は数名のみだ。過疎化、人口の流出が進めば、この数はさらに減ることだろう。なんだか山の中の分校のような話だが、現在の地方の交通機関は、どこも似たような状況にある。「地方創生」「新たな魅力の創出」、そんな掛け声は何度も耳にしたが、地方の姿が変わったとは思えない。

もちろん沿線には人が住まい、毎日の暮らしを送っている。つまり、鉄道が頼りにされていないというだけのことで、線路に沿った道路にはコミュニティバスが運転され、こちらには一定数の利用がある。バスは、途中の病院やショッピングセンターにも寄り道をするから、時間が要されるが、利便性は鉄道よりも高い。地方に住む、特に高齢者にとっては、毎日長い距離を移動せずとも暮らしていける生活習慣が身についているから、鉄道の利便性などに思いを巡らせる必要もない。江戸時代の徳川幕府は、市民の移動を極端に制限した。街道には関所を設けて人の移動は最小限に抑え、川に多くの橋を架けることはなく、街道も必要以上に拡幅はしなかった。車両を開発することも控えた。この過敏な施策は、軍事クーデターの発生を未然に防ぐためであったが、できあがった情景は、何だか今日の姿に似ている。江戸時代の町の姿を今日と比較するのは切ない話だが、人の移動が不活発になれば、出来上がる情景も似たようなものになりそうだ。

もちろん、このような路線が採算に達しているわけはなく、JRは路線廃止に向けての協議が行われているが、試算されたBRT（Bus Rapid Transit＝バス高速輸送システム）への転換費用は莫大なものとなり、そこで協議がストップした。その先に何だかの成果が見込めないのであれば、誰も火中の栗を拾うことはしないのである。そして、赤字だけが垂れ流される。そのツケを負うことになるのが誰なのかが明確にされない限り、この状況は続くことになるだろう。心情としては、鉄道の廃止には誰もが反対するから、為政者も票のためには下手に手をつけられない。つけない方が良い。結局はこの図式のまま、何十年もの歳月が流れている。

ゆとりある暮らしには「間に合わなかった」鉄道

この短い路線も、もちろん沿線住民を運ぶという、小さな需要に応えるためだけに建設されたわけではない。長門本山にはかつて炭鉱があり、これは小野田市最大のもので、坑道は海底に向かって延びていた。臨海地区には工業地帯があり、1960年代には工員輸送の需要もあって、1日に25往復の列車が運転されていた。短くても、十分な輸送需要があったのである。今、駅からわずかな距離の海岸まで歩いてみると、そこに朽ち果てつつあるコンクリート製の基礎部分を見つけることができる。恐らくはこれが海底炭田に続く施設の一部だったのだろう。鉱物が発掘され尽くされた後は、施設が廃棄され、人が去り、うらぶれた遺構のみが残されるのが鉱山の常だが、その眺めはやはり淋しい。

今は、短いホーム1本が空き地の片隅に残るという風情の長門本山駅だが、この駅が往年の姿を取り戻すことはないだろう。この短い支線がクモハ42形という旧型国電が残されていたことで、多くのファンを引き付けていた時代もあったが、それも今は昔である。あるいは今ここで運転されているクモハ123形が旧型の希少な電車となった時代に、またファンを引き付ける（頭数で言ってしまうと、それはたいした数にはならないことだろうが）かもしれないが、電車が廃車となれば、ファンの姿もまた消え去ることだろう。炭鉱から人が消えたように。

昭和の中期の頃まで、人は自然との共生にはあまり気を遣うことなく、ひたすらにわが身の富を追い続けてきた。それが美徳とされた時代だった。しかし今、地球資源には限りがあることに人が気が付き、限られた資源を少しでも有効に使い、あるいはそれをリサイクルする方法が模索される時代となった。

しかしまだ、人間の自然との共生が、完成の域に達したとは言い難い。資源の有効利用法については積極的な研究が続けられているが、その一方で、地域の格差が拡大し、多くの地方が競争から取り残された形で疲弊を続けている。

人間がより多くの問題を解決し、日本のすべての地域でのゆとりある暮らしが確立された時代に、そこにはもう鉄道はないのかもしれない。

その時代に鉄道があれば、そこにこそが理想郷があるのかもしれないが。

肥薩線の各駅

JR九州肥薩線

1909(明治42)年11月21日全通

鹿児島への鉄道として明治末期に全通した肥薩線。
水害によって長い間不通となりながら、復旧への取り組みが続けられている。
ただし幾つかの駅は姿を消すかもしれない。

非日常性の演出という観光資源

熊本県、宮崎県、鹿児島県の内陸部を経由して八代駅と隼人駅を結ぶ肥薩線は、鹿児島に達する鉄道として、後の鹿児島本線よりも先に建設された。それは海岸部に建設された鉄道は、有事において敵国からの艦砲射撃にさらされる可能性があるという軍部の主張が反映されたものとされ、ほかにも有明海沿いの海岸線の土壌が悪く、鉄道の建設が難しいと判断された当時の土木技術の限界も踏まえた決定であった。

肥薩線は八代駅と人吉駅の間では球磨川沿いにルートを求め、人吉駅と隼人駅の間では九州南部の脊梁となる山地を越えるルートを選び、1909(明治42)年11月21日に全通した。前者には「川線」の呼び名があって、車窓には常に球磨川の流れが寄り添い、後者には「山線」の呼び名があって、列車は3県の県境付近で深い山を越える。その車窓風景はどちらも魅力的で、人吉を境にして車窓風景が大きく変わることも、この路線を旅する時の大きな楽しみとなっている。

球磨川は「日本三急流」に数えられる流れだが、蛇行を繰り返す列車の下を悠々と流れている。「山線」の真幸駅と矢岳駅の間には「日本三大車窓」に数えられるスポットがあり、眼下に広がる高原の眺めを堪能できる。そんな環境の中に身を置いて、ゆっくりと時間を過ごすことができるのは、鉄道旅行ならではの楽しみである。飛行機や船では、こうはいかない。アメリカの大陸横断鉄道や、中国内陸部の鉄道では、どこまで行っても同じ風景が続くことがあるが、日本の鉄道は、ほど良いタイミングで、車窓風景が紙芝居のように入れ替わってゆくので、退屈することがない。もしかしたら、この地理的な条件も、日本で鉄道が発達した理由の一つなのかもしれない。

この魅力を活かすべく、ＪＲ九州が肥薩線で観光列車の運転を開始したのは１９９６（平成８）年3月16日のことで、人吉駅と吉松駅の間に「いさぶろう・しんぺい」号が登場した。それまで同区間で運転されていた4往復の普通列車のうちの1往復に簡易的にお座敷車両とした車両を投入することで運転が開始されたこの列車は好評を博し、使用車両のグレードアップ、運転区間の拡大が行われ、アテンダントも乗車する一人前の観光列車に成長したのである。それまで、観光列車は集客が見込める大都市近郊のみで運転されるものというイメージがあったが、「いさぶろう・しんぺい」を始めとするＪＲ九州が運転する観光列車は、その固定観念を打ち破ってみせた。大都市に近いところでなく、有名観光スポットがなくとも、旅にストーリー性を持たせ、乗客を大切にもてなして喜ばせることができれば、観光列車が成立することをＪＲ九州が証明したのである。

災害からの復旧に光が射す

もちろん、たとえ専用列車が導入されても、走る路線が毎日の通勤と同じでは、喜ぶ人はいないだろう。雄大な車窓風景という非日常がそこにあったから、乗客の心が満たされたのである。非日常の演出には肥薩線の駅も一役買った。大畑駅では列車の通過時に地元の人がホーム前にワゴンを出して、農産品や、手作りの弁当を販売した。これは豪華なものでなくとも、獲れたて、作り立てということが魅力だった。懐かしい味をしていることが最大のご馳走となったのである。「いさぶろう・しんぺい」は運転方式の変更によって姿を消したが、肥薩線はＪＲ九州に欠かせない観光資源となったのである。

そんな肥薩線も、今は不遇の境地が続いている。２０２０年７月４日の豪雨災害によって八代駅と吉松駅の間が不通となり、列車の運転が行われない状態が長く続いている。現在の日本は、大雨が降るごとに、日本のどこかで鉄道が不通となり、迅速な復旧が行われることなく半ば放置されてしまう状況が続いている。恐らくは明治から昭和初期にかけて作られた鉄道の基礎となる部分が経年劣化しているのだろう。これからも大雨ごとにどこかの鉄道が不通になる可能性は否定できない。本来であれば国が腰を上げて、日本の鉄道をすべて作り直すべき時期が来ているのだろうが、国は民営ＪＲにすべてを任せ、ＪＲは採算性を旗印として、抜本的な対策に取り組むことをしない。国政議員は難しい議論を避ければ自分の議席を守ることができるので、交通政策に取り組むことなどしない。結論の先送りをもっとも有効な政策としてきた為政者と有権者の狭い見識が、今の日本を深い落とし穴の中に閉じ込めている。

幸いなことに、ＪＲ九州は肥薩線の復旧を目指すことを表明し、２０２４年度末までには地元との最終合意を図りたいとアナウンスしている。その際には線路の位置は変わらないものの、幾つかの駅は位置を変える可能性があるとし、合理化のための駅の統廃合があり得ることを示唆している。

幾つかの駅が姿を消せば、それを不幸と感じることがある人もいることだろう。鉄道事業者はそれを踏まえ、路線を再建しなければならない。

第2章

この章では、「路線の存続そのものが危ぶまれている駅」、「路線の廃止が決定した駅」を集めて、その位置づけを考えてみた。もちろん、ファンの立場からすれば、路線の廃止が望ましいわけはなく、なんとかして存続することが望まれるのだが、現状では楽観は許されない。

今は姿を消してしまった路線の地図を眺め、「もし、この鉄道が残っていたら」とため息するファンは少なくないだろう。それであれば今こそ、鉄道を残すための方策が、あらゆる形で探し求められるべきなのだが、残念ながらその動きは今はまだ脆弱である。

人口過疎地帯を走る鉄道は、自然環境に恵まれ、快適な旅を楽しむことができる…。この大原則を活かすことができる日が来ることは、永遠にないのだろうか。

小幌

JR北海道室蘭本線

1943(昭和18)年9月25日開業

北海道の山間部の、トンネルに挟まれた場所に建つ無人駅。
駅の立地の不思議さから、元祖・秘境駅的な存在となり、
その名が知られ渡るようになった。さて、この駅の将来は?

戦時中の輸送力強化のために生まれた駅

プロ野球を地方球場で観戦することを至上の楽しみにしている人たちがいる。今はネット配信であらゆる試合を観戦できるけれども、高い旅費を払い、勝つか負けるか解らない一つのゲームを見るために、時には休暇を取って遠隔の地に出向く。つまり彼ら、彼女らにとっては普段見ることができない風景の中で試合を見ることに大きな価値を見出しているのだろう。これはもう是非の問題ではなく、生き方の問題である。

１９８０年代から１９９０年代にかけてをピークとして「秘湯ブーム」というものがあった。山奥などにある誰も知らないような温泉場に出かけるのである。これも趣味が高じるととんでもない事態を招くことがあり、それではどこまでを対象にするのか、何をもって入浴したとカウントすべきかというような定義が頭を悩ませることによる。何しろ、林道の脇にちょろちょろと湧き出ているお湯であっても温泉は温泉である。そこには温泉施設など無いから、これはもう楽しみというより修行と呼ぶべき行為になるはずだが、全国制覇などという目標を掲げると、この林道の脇のお湯を浴びるために長い旅に出ることになる。楽しそうな、恐ろしそうな話である。

秘湯ブームの最盛期には、山奥の小さないで湯に観光バスが複数で押し寄せる風景が各地で見られた。こうなると秘湯ではない。有名秘湯というのは、言葉としても成立していない。『草枕』の世界である。答えを見つけ出す必要はないということか。

そして今の日本は、秘境駅ブームの真っただ中にある。人口過疎地帯にある、今は駅としての本分を失った無人駅のホームに遠来の客が降り、少しばかりの時間を過ごしてから帰ってゆく。あるいはここに車利用で来る人もいるが、駅に到着してからやることは同じで、風景を見て、物思いに耽る。つまり、何もしないことをしに来るのである。そうすることで心を開放する。皮肉といえば皮肉な役割が、現在の地方の駅に課せられている。

現在の秘境駅ブームの火付け役の一つになったのが、室蘭本線にある小幌駅だ。駅が開設されたのは戦時中のことで、列車交換のための信号場として設けられ、旅客も扱った。戦時中は何事においても軍事が優先されたから、軍需輸送を強化するための列車の増便、そのための信号場開設とされたことは想像に難くない。思えばD51形蒸気機関車が量産されたことも、新幹線という別線が計画されたことも、戦争が影を落としている。戦争に勝つまではと唱えさえすれば、何もかもが許された時代に、この駅は生まれたのだった。

駅を新しい廃墟にしないための創意、工夫を

小幌駅はトンネルに挟まれた狭い平地にあり、今は駅に通ずる明確な道路もない。駅が設けられた時から旅客営業が行われているので、当時は近隣に民家があったのだろう。しかし、戦後の産業構造の変化は、日本の社会、風景までを変えてしまった。北海道の多くの路線は、かつては林業の維持に貢献していた。しかし、輸入材がコストで上回るようになると林業は衰退し、従事者も激減した。もちろん、農業にしても図式は同じで、第一次産業の在り方が変わったことによって、特に北海道においては鉄道の地位の低下が急速に進んだのだった。

小幌駅の必要性の低下はＪＲも認めるところで、

２０１５（平成27）年10月には駅を廃止したい旨をＪＲが地元自治体に伝え、地元自治体が維持のための費用を負担することで駅の存続が決まった。自治体がこの駅に観光資源があることを認めての費用負担であったと伝えられ、すでにその時点で、この駅が秘境駅として注目される存在になっていたことが窺えるが、長く地元に住まってきた人にとっては、自分の人生の一部となってきた風景が、変わり果て、荒れ果ててゆくのを見たくないという思いも働いていたのだろう。それは当然の話である。

一つ留意しておかなければならないことは、鉄道施設は必ず経年劣化し、交替期が訪れるということである。現在の自治体首長にしても、未来永劫その座にいるわけではないから、将来的な駅の存在意義については誰もが思いを巡らせ、維持のための枠組み作りも考えておかなければならないということだろう。今はすっかり有名になり、多くの観光客が訪れている駅だが、それがいつまで続くのかは解らない。同じ北海道にある宗谷本線の抜海駅は、沿線自治体が援助を取りやめた。今後は同様の選択肢を選ぶ自治体が増えてくる可能性もある。

鉄道の施設は、一度失われてしまったならば、それを昔の姿に戻すことに大変な手間がかかるものである。多くの路線がそうであるように、もしもあの施設が今もあれば、と人に大きな悔いを残す事例も数多い。しかしその一方で、深い思慮のないまま出来上がった無用の建物、「ハコ」が多いのも事実で、駅は、体育館などよりも遥かに維持に手間がかかるものなのだから、どのような形であれ、未来への足場作りは今から始めておくべきだろう。その仕事が怠られたなら、また一つ、鉄道に新しい廃墟ができあがることになる。

板谷

JR東日本奥羽本線

1899（明治32）年5月15日開業

奥羽本線の難所板谷峠越えの核心部に設置された駅。
かつてはスイッチバック構造を有する、地域の中核となっていた駅だったが、
今は存在価値が希薄な存在となった。

奥羽山脈の脊梁に佇む無人駅

鉄道黎明期に建設された鉄道の多くは、近世までに整備されていた旧街道に沿って建設された。それは当然のことで、街道沿いには多くの集落があり、人と物資の交流があったのである。そして、急峻な地形を避けて延びることも街道の常であったから、ここに沿って鉄道を建設することは、理にかなった選択といえた。

しかし、人や馬であれば越えることも可能であった急な山道は、時に線路の行く手を阻む巨大な障壁となった。たとえその道がどんなに急であろうとも、それが短い距離であれば、人や馬はこれを越えることができる。しかし、坂道に弱いという構造的な弱点を抱える鉄道は、旧道とまったく同じルートを辿ることはできない。峠越えに際しては、ルート設定と建設に多大な労力が要されることも、珍しいことではなかった。

福島と青森を、山形、秋田経由で結ぶ奥羽本線も、そのような性格を有する路線の一つとなった。福島側からこの路線に乗り入れた時に、最初の難関として立ちはだかるのが、途中で標高７５５ｍの板谷峠を越える庭坂から米沢までの区間だ。

福島駅と米沢駅の間は、最大36パーミルの急こう配が存在する山岳線となり、峠越えの区間となる赤岩駅、板谷駅、峠駅、大沢駅の連続する4駅にスイッチバックが設けられた。非力で、こう配にも弱い蒸気機関車の峠越えにスイッチバックは必須の設備となったが、深い山の中に設けられたスイッチバック駅は駅構内の線路有効長も短く、近代的な大型テンダー機の導入を難しくするという皮肉な巡り合わせもあった。福島〜米沢間は、戦後にいち早く電化されるが、この時には架線の設置に必要なクリアランスを確保するために、路盤を掘り下げるという難工事を強いられている。

この峠越え区間の核心部に設けられたのが板谷駅だった。奥羽南線の開通と同時に開業したこの駅は、周辺に板谷集落があり、駅の設置は当然のことであった。駅前に延びる旧道は庭坂を経て福島、あるいは米沢へと続いているが、道は狭く、カーブが連続し、通行には相当の時間を要する。何より鉄道が開業した時代には、住民の移動手段は徒歩か、公共交通機関に頼るしかなかったのだから、鉄道開通の恩恵は大きかった。深い山の中を貫く鉄道は、文字通り山間の集落に光を差し込ませたのである。

時代が下り昭和中期となると、バス、自動車が普及するようになり、国道の整備も進められるが、鉄道の地位はまだ盤石で、それは奥羽本線についても同様だった。板谷駅は、優等列車が通過する小駅であったが、板谷駅の周辺で採取されるゼオライト（沸石＝アルミノケイ酸塩）は「イタヤゼオライト」の名で呼ばれるブランド品で、板谷駅から貨車に積み込まれ、各地に発送された。狭隘な土地に作られた板谷集落は大きな発展を見ることはなかったが、駅にも、町にも活気が漂っていたのがこの時代だった。

そんな状況も昭和後期には転換期を迎える。輸送形態の変化もあって１９８４（昭和59）年1月15日には駅の貨物営業が廃止され、１９８７（昭和62）年には無人化された。駅の無人化は地域の過疎化の進行と、市民の移動手段の変化があった。この時代にはまだ駅のスイッチバックは健在で、ＥＦ71形とＥＤ78形の重連がけん引する客車列車がスイッチバックの各駅に停車した。駅ごとに行ったり来たりを繰り返す普通列車は、当然速度の遅いものとなったが、それもまた風情があるように見受けられた。

しかし、その時代も長くは続かず、１９９２（平成4）年7月1日には山形新幹線が開業し、新幹線の建設工事に伴う線路配置の変更で、板谷駅のスイッチバックは廃止となった。スイッチバックが廃止されたのは隣の峠駅なども同様で、元より強力な交流電気機関車にとってスイッチバックは無用の長物だった。線路配置の変更は、運転の効率化をもたらすものであったが、撤去されることなく残された古い設備の数々は、この駅が時代遅れの存在となったことを感じさせるような遺物となったのである。

そして今、板谷駅はいつ駅が廃止されてもおかしくはない状況にある。一日の利用客数は20人程度で、その数字が、鉄道の存在意義を雄弁に物語っている。隣接していた赤岩駅は２０２１年3月12日に廃止され、米沢寄りの大沢駅も２０２４年12月1日から全列車が通過となる措置が採られた。事実上の駅の廃止である。そして、板谷駅についても、２０２５年3月26日からの全列車の通過がアナウンスされている。

過去の記録を振り返ってみるならば、新幹線が博多延伸を果たした１９７５（昭和50）年に撮影された奥羽本線の写真には、スイッチバックの駅で行き交う列車を撮影したものもある。すでに編成は数両という短いものとはなっているが、客車の開いた窓から、列車には多くの乗客がいることが窺える。時代が転換期にあった昭和末期でされ、奥羽本線を走る普通列車には相応の需要があったのだ。この乗客がどのように減って行ったのかは、今は判然としない。長い時間をかけて、記録も、人々の記憶も風化してしまったようだ。

大前

JR東日本吾妻線

1971（昭和46）年3月7日開業

渋川駅から分岐する吾妻線の終着駅。
さらなる延伸計画があったためか、駅の規模は小さく、
ひと駅手前の万座・鹿沢口駅との落差を感じさせる。

軍需輸送のために戦中に開業した長野原線

遠い昔の鉄道旅行の姿を思い出してみよう。家族での観光旅行や、帰省のための旅行で鉄道に乗ること。それはその家族にとっての一大イベントではなかったろうか。夏休みに田舎に帰ることは、出発の何日も前からその日が来るのが楽しみで仕方がない、大きな楽しみではなかったろうか。自宅の最寄り駅から大きな駅まで行き、そこからは特急や急行に乗る。列車が走っていくごとに車窓にはまだ見たことのない風景が次々に現れる。列車の中で長い時間を過ごさなければならないから、そのための工夫も必要で、飲み物やミカンを用意し、食事は食堂車か駅弁を利用するが、安く済ませようとするなら、自宅からおにぎりを持参する。けれども、このおにぎりが貧相な食事だというわけではなく、家で食べるのとは別物の、素晴らしい食事となった。そんな経験はないだろうか。昔の鉄道旅行には、そんな夢があった。

鉄道会社が果たすべき役割とは何だろう？　大局的には、人と物資を運ぶことによって、地方や国に利益をもたらすことにあるが、利用者の役に立ち、喜んでもらうことが基本でもあるはずだ。利用者はお客様とも呼ばれる。利用に際して対価を払っているのだからそれは間違いがなく、顧客がなくなれば会社組織は消滅する。これらのもっとも基本的な原理が、どこかに置き忘れられているのが、近年の鉄道会社ではないだろうか。鉄道会社自身が大きな忘れ物を放置して平気な顔をしていたら、これは洒落にならない。

大前駅がある吾妻線の渋川駅と長野原駅の間が開業したのは１９４５（昭和20）年1月20日のことで

ある。太平洋戦争の終戦直前の開通で、すでに戦局が悪化していた中での開通は、この路線の建設目的が軍需輸送にあるためだった。現在は吾妻町の一部となっている吾妻郡六合村に群馬鉄山があり、鉄鉱石が産出された。鉄鉱石はわが国の自給率が低い希少な鉱物で、これを京浜工業地帯の工場に運搬するために鉄道の建設を急いだのである。終点の長野原駅から鉱山のある太子（おおし）駅までは日本鋼管の専用線が建設された。

長野原線が開通してからおよそ7か月後に戦争が終結し、翌年までには旅客営業も開始される。1952（昭和27）年10月1日には、長野原駅と太子駅の間の専用線が国鉄に編入されて長野原線の一部となり、渋川駅と長野原駅の間と一体になっての旅客営業も開始された。時刻表の昭和31年12月号によれば、渋川駅に太子駅の間には区間列車を含めて1日10往復半の列車が設定されており、上越線を経由して高崎駅に直通する列車もあって、軍需輸送が消滅した後も順調といえる運転が続けられていたことが理解できる。

さらなる延伸が計画されていた吾妻線

昭和30年代中期になると長野原線は草津温泉へのアクセスルートと捉えられ、1960（昭和35）年4月29日からは80系電車使用の上野発の準急「草津」が長野原駅まで乗り入れている。この時は長野原線はまだ非電化で、しかし気動車が不足していたことから、渋川駅と長野原駅の間はC11形蒸気機関車がけん引するという珍しい形での運転となった。この時点での80系は、まだ登場から10年を経過しただけで、一世を風靡した「湘南電車」に乗っての草津温泉への旅の気分はいかばかりだったろう。渋川での蒸気機関車の登場には当時の人も驚かされただろうが、この時代を代表する電車だった80系の旅は、心の弾むものであったに違いない。

そして長野原線は1971（昭和46）年3月7日に大前駅までの延伸を果たし、路線名も現行の吾妻線へと改められた。大前駅の一つ手前の駅となる万座・鹿沢口駅は、その名のとおり万座温泉と鹿沢温泉の入口となる駅で、両温泉の顔を立てる形で、当時としては珍しい地名を繋げた駅名が採用された。

一方で大前駅はといえば、単式ホーム1本のみの小さな駅で、ホームには待合室もない。いくら盲腸線とはいっても、その姿は淋しさの感じられるものだったが、この時代には吾妻線をさらに延伸させ、現在はしなの鉄道の駅となった豊野駅まで延伸させる計画があり、路線名も嬬恋線となることが決定していた。

しかしこの計画は未着工のまま潰える。大前以西の地盤が軟弱で、鉄道の建設に向かないと目されたのである。この地域は浅間山の南麓にあたり、幾度かの浅間山の噴火が影響したものと考えられた。

現在の吾妻線は多くの列車が万座・鹿沢口駅での折り返し運転を行っており、大前駅に発着する列車は1日6本のみで、日中は6時間以上、列車が姿を見せない。隣の万座・鹿沢口駅が一応は温泉地の玄関の位置づけを保っているのとはあまりにも対照的だが、それも大前駅が、本来はこの駅を終点とする計画ではなかったことが理由なのだろう。

あるいは現代の技術を用いれば、大前駅から豊野駅方面への延伸も可能なのかもしれないが、もちろん、そのような動きはない。鉄道会社が路線を延伸させることで、経営の規模を広げ、より多くの人の信頼を得るということは、もうないのだろう。

板荷

東武鉄道日光線

1929(昭和4)年7月7日開業

東武日光線の普通列車のみが停車する駅。
鹿沼市内に所在し、駅周辺にも民家が並ぶが、利用客数は驚くほど少ない。
現代の秘境駅と捉えて、当駅を訪れるファンもいる。

旧街道に沿って建設された東武日光線

鉄道は夢のある交通機関である。人々の明日の暮らしを、今日よりももっと良いものにするという夢がある。この列車に乗れば、きっと素敵な所に行けるという夢がある。そんな夢を抱かせてくれる存在だからこそ、人は鉄道を信頼する。

東武鉄道は、1927（昭和2）年6月に着工した日光線を、1929（昭和4）年10月1日に東武日光駅まで全線開業させている。それも当初から複線化と電化を済ませての開業で、短期間での工事の完成は、競合交通機関（この時は武州鉄道）とのシェア争いが背景にあったというが、東武鉄道の全社員や、沿線住民もが同じ目標、同じ夢を抱けたことも、理由の一つに掲げてよいのだろう。この時代の鉄道建設には、それだけの夢があったのだ。

東武日光線は、当初は佐野を経由して建設することが画策されたが、この計画は栃木経由に変更された。それは栃木からの請願があったといい、ここにも今日とは異なる、鉄道の社会的評価の高さが窺える。この変更によって、東武日光線の線路は、多くの部分で日光例幣使街道と並行することになった。この道は徳川家康の没後に整備された道で、諸大名の日光参拝にも利用されたという。明治期から昭和初期までに建設された多くの鉄道は、旧街道に沿っている所が多いが、それは当然のことで、旧街道沿いには人が多く住まっていたことから住民の鉄道利用が見込め、地形の上でも峻険な場所の少ない理にかなったルートが見出せるためであった。現在の栃木県下における例幣使街道の主な宿場には、栃木、合戦場、金崎、楡木、文挾、今市などがあり、その多くの名を現在の駅名にも見出すことができる。

東武鉄道全線の中で、唯一の地上トンネルがあるのが日光線の明神駅と下今市駅の間で、ここには例幣使街道との交差がある。トンネルは全長40ｍの短いもので、全路線が平坦な地形の中に建設されている東武日光線の特徴が表れたものとなった。これが佐野を経由する当初の建設案が採用されていたのなら、こうはならなかったかもしれず、これも現行ルートのアドバンテージとなった。東武鉄道の電車は、浅草駅から東武日光駅までを2時間あまりの所要時間で走り、これは当時4時間から5時間を要していた国鉄の上野駅と日光駅の間の運転の列車に対する大きなアドバンテージともなったのである。

現代の秘境駅に数えられることも

現在の板荷駅は1日の利用客数が72人とアナウンスされており、この駅が鹿沼市内にあることを思えば意外なほどに少なく、この数字の駅を秘境駅と呼ぶことはできないのだろうが、東武鉄道全駅の中で最少となっている。駅周辺にも民家は並んでいるが、駅の東側にある小高い丘の向こう側にはＪＲ日光線が走り、例幣使街道もこの場所ではＪＲの文挟駅の方が近く、町も拓けている印象がある。板荷駅のある周辺だけが、丘に挟まれた狭隘な場所となっており、やや割を食った感がある。

現在は駅員無配置の駅となっており、かつては設置されていた券売機も今は撤去されている。乗車券は乗車に際して乗務員から購入することになり、とにもかくにも券売機と自動改札、あるいはＩＣカードの端末だけは設置されることの多い現代の無人駅の中でも、別格という印象もある。もっとも、自動化されていることだけが、乗客サービスとはならないのは当たり前のことで、乗客と乗務員のコンタクトがあるならば、そこできめの細かい対応が可能だ。例えば秘境駅と呼ばれる駅がずらりと並ぶＪＲ飯田線でも、車掌が随時車内を巡回することで、乗客に乗り換え駅の案内ができるなど、自動改札、自動放送ではできない乗客対応が行われている。少子化による人口の減少が今後も続くのであれば、鉄道各社もそろそろ新しい時代の乗客サービスのスタイルを見つけ出して欲しいところで、何もかもを機械任せにした現代の地方路線の運行のスタイルは、どこか片手落ちという印象を感じさせられることも少なくない。鉄道が鉄道本来の持ち味であるはずの温かみのあるサービスを思い出すことができたなら、失地回復の可能性も高まるはずだ。

板荷駅に停車する優等列車はなく、普通列車が1時間あたり1～2本のみ停車する。夕方には1時間あたり3本の列車が停車する。そんな風情は、古き良き日のローカル線を思わせ、この駅にまだ木造駅舎が残っていることも、そのイメージに似合っている。近年は、この駅を秘境駅と見立て、駅を訪ねるために電車に乗るファンも少なくないようだ。1度列車から降りたなら、次の列車は1時間後ということになることもあるが、それもまた楽しい。

これは何も例幣使街道に限った話ではないけれども、思わぬ所に古い時代の建物が残っているのも、旧街道探訪の魅力である。それは中世に建てられたものというわけではなく、昭和のものであるのだが、その昭和時代でさえ、今はもう遠い昔のこととなりつつある。木造モルタル造りの住宅や、火の見櫓、屋号が掲げられた土蔵など、気が付けば見る機会が減っている構造物は多い。電車の写真を1枚撮ったついでに、これらの建物も撮っておこう。いずれそれが、貴重な記録、時代の証言者となる。

只見

JR東日本只見線

1963(昭和38)年8月20日開業

福島県と新潟県を結ぶ只見線は豪雪地帯を走るがゆえに廃線を免れてきた。
しかし2011(平成23)年7月の豪雨で長い間不通となり、
路線の存在意義が問われた。

屈指の車窓風景を誇りながら、廃線の危機に瀕した路線

日本のインバウンド政策は見事に成功した。今や平日、休日を問わず、有名観光地、有名宿泊施設、有名踏切は終日海外からの観光客で溢れ、ここが果たしてどこの国なのか、戸惑うことが恒例の行事となっている。

コロナ禍がピークにあった時、夜の街は害悪と見なされ、スポーツ、ライブ演奏などのあらゆるイベントが中止となり、繁華街はシャッター通りと化して、ただ風が吹き抜けるばかりとなった。観光名所にも寺社仏閣にも人影はなかった。

現代日本の喧噪にはうんざりさせられること度々だが、さりとて無人のシャッター通りが恋しいというわけでもない。観光地や鉄道は、やはり賑わっていて欲しい。しかし、これも感じるところは人それぞれなのだろう。立ち位置が異なれば見える風景も異なるように、鉄道と人の関わり方、あるべき姿についても、求める姿は百人百様のものであるはずだ。外部の人間は山里を走る鉄道にひなびた風景を求めるだろうし、それを生活の一部にしている人は利便性の向上を求める。ただ、どちらかの見方が唯一の解法としてまかり通ってはならない。

福島県の会津若松駅と新潟県の小出駅を結ぶ只見線は、日本でもっとも美しい車窓風景を楽しめる路線として、マスコミに紹介されることが多い。そして、多くのローカル線と同じように、風景の美しさと反比例するかのように、利用者数は低迷して、運営は常に苦境にある。そしてこの路線が、2011（平成23）年7月30日の豪雨によって、橋梁の流失や路盤の流出が起こり、会津坂下駅と小出駅の間が

不通となって、同区間の運転が休止となる状態が長く続いたことも多くの人が知るところとなった。

只見線が豪雪地帯を走るがゆえに、冬季の代替交通機関がなく、国鉄が全国の非採算路線の整理を続けた時代に廃止を免れたことも多方面に知られている。只見線は沿線住民の生活に不可欠の路線と判断されての処置だった。

この路線は福島県と新潟県を結ぶ路線である。そして県境は只見駅と大白川駅の間にある。つまり、会津坂下駅と只見駅の間の各駅の沿線に住まう人は、只見線が不通となっている間は、福島県に在住していながら、例えばさまざまな手続きのために福島県の県央方面に向かう必要が生じても、有効な公共交通機関がないままの生活を強いられていたということになる。バス輸送によって代替が可能というのであれば、それはこの路線が廃線を免れた時の理由に背くものとなる。

これからの時代にこそ鉄道の真価が問われる

地元では只見線の早期復活を願う運動が幾度も展開されたが、それがマスコミを含めた中央の機関に採り上げられた機会は少なかった。鉄道の価値を採算性で問うような、一方通行的な多数決の原理がここでも働いたようだった。

幸いなことに、只見線は廃線を免れ、各所で復旧工事が開始され、2022年10月1日に全線での運転が再開された。それは被災から11年2か月が過ぎた後のことであった。現在、只見線全線を走破する列車は1日3往復のみで、鉄道をライフラインと呼ぶのであれば、このラインはあまりにも細く、弱いもののように見えるが、とにもかくにも鉄道は復旧を果たしたのである。

しかし、これも残念なことに、被災箇所の修復が終わり、運転が再開された只見線にしても、いつまた災害に襲われることになるのかは解らない。いま、全国で大雨が発生するごとに、日本のどこかの鉄道が不通になっているのは、この国の鉄道のすべてが、経年によって疲弊していることを示唆している。全国全線の総点検は可及的速やかに進めるべき案件だが、もしも災害が発生するようなことがあれば、これを速やかに復旧するためのガイドライン作りも大きな課題と思われる。人間の生活が時代と共に様式を変えるものであるとするならば、これを則る法律についても見直しの機会があって良く、旧来の法律に囚われない新たな立法が求められるようにも思われる。いま、各地で続く鉄道の不通を見るにつけ、法律は誰のためのものなのかという疑問が沸いてくる。

只見駅は、先に記したようにこの駅の西寄りに福島と新潟の県境がある只見線最奥の駅である。只見線の不通が長く続いた後、最後に復旧したのが当駅と会津川口駅の間だった。鉄道の不通が長く続く間、JR東日本によるバス転換が有効であるとする自治体側からの答申がなされたこともあったが、只見線は原状の復旧を果たしたのだった。

只見線のあるべき姿が問われるのは、これからなのかもしれない。鉄道が地域を支える真のライフラインであることを示す足がかりを再構築していかなければ、また、鉄道や駅の存在価値が見失われる不幸な歴史が繰り返されることになる。

これからの只見線がどのような道を辿ってゆくのか。そのことにも、この国の未来の鉄道の姿を決める鍵が潜んでいる。

土合

JR東日本上越線

1936(昭和11)年12月19日開業

上越国境にある今は無人となった駅。
かつては登山の基地としても賑わったが、交通体系の変化によって、
今は観光客が訪れるだけの存在となってしまった。

新幹線にも功罪がある

「新幹線ができると、地方の町はさびれます」

当時は長野行新幹線とも呼ばれていた北陸新幹線の部分開業後に、高崎駅から乗ったタクシーの運転手は、そう呟いた。新幹線ができれば東京は近くなる。しかし、東京から来たお客さんは、早く着ける観光地にばかり行くようになり、それは温泉についても同じで、長野行新幹線が開通した後は、観光客の流れが皆同じになってしまい、信越本線の沿線に幾つもあった温泉場のうち、少しでも足の便の劣る所は、どんどん衰退しているのだという。「小さくても、行ってみれば魅力のある温泉がたくさんあるのに」と運転手は付け加えた。

いまここで、全国に作られた新幹線が日本を衰退させたなどと見当違いな話を始めようとは思わないが、在来の鉄道とは別格の輸送力を備えるこの鉄道が、一極集中を加速させ、結果的に地域を疲弊させる側面を持つということがきちんと検証されないまま、延伸ばかりが続けられたことに大きな陥穽があったことは事実だろう。

上越線も、新幹線の開業によって並行在来線という名の長大なローカル線となってしまった路線の一つである。この路線が全通したのは１９３１（昭和６）年９月のことで、日本の主要幹線の中では比較的遅い。それはもちろん、古い時代の土木技術では、日本列島の脊梁となる上越国境の山地を越えることができなかったためで、上越線の開通前は、首都圏と新潟地方を結ぶルートは信越本線経由か、磐越西線経由となっていたから、上越線の開通による時間短縮の効果は大きかった。

谷川岳の直下を潜る上越線の工事は難しいもの

で、国境越えのトンネルとなる清水トンネルは、群馬県側と新潟県側の両方にループ線が設けられた。線路を高い位置まで持ち上げることができたならトンネルの距離が短くなるのだから、ループ線の建設は必然のものといえた。

土合駅は上越線の全通時に信号場として開設された。水上寄りの隣駅、湯檜曾からは6・6㎞、越後湯沢寄りの隣駅、土樽からは10・8㎞の場所にある、まさに峠越えの核心部、谷川岳の直下である。駅が開業した翌年の12月からはスキー列車が臨時停車するようになり、開業5年後の1936(昭和11)年12月からは正式な駅へと格上げされた。当時から駅の近隣に民家は少なかったものの、この駅は、谷川岳連峰への登山の起点、ウィンタースポーツの拠点となったのである。

駅舎が登山客で満杯になった時代もあった

登山ブームがピークを迎えた時代には、上野発長岡行の夜行列車の到着後は、この駅は朝まで仮眠をとる登山客が寝袋を広げ、駅舎の中が足の踏み場もないほどの盛況を見せた。岩場での遭難が相次いだことから、谷川岳を「魔の山」と称する向きもあったが、一部の岩場を除けば、標高もさほど高いわけではなく、登山の難易度も高いわけではない。首都圏から数時間で到着できる上越国境の山々は、レジャー登山にうってつけのフィールドだったのである。1967(昭和42)年9月には新清水トンネルが開通して土合駅下りホームが誕生。このホームは地下に設けられ、地表にある駅舎と486段の階段で結ばれた。

そんな上越線も、新幹線の開業後は存在意義が急落する。殊に上越国境付近の駅の利用客は少なく、湯檜曾温泉などがありはしても、沿線の観光地に圧倒的な集客力があるわけではない。登山ブームに陰りが見えると夜行列車の減便が続き、その結果として登山客の車利用へのシフトがあるなど、負のスパイラルも生まれてしまった。土合駅は、訪れる人も稀な、山間の小駅となってしまったのである。かつては登山客で埋め尽くされていた駅舎内（それは山間の駅としては大きなものだ）も、コンクリートの壁が冷たい印象を与える無人の空間となってしまったのである。

皮肉なことに、と言うべきか、近年はこの土合駅を訪れる観光客が増えている。それはこの駅が、いわゆる秘境にあることと、駅とホームを結ぶ長い長い階段があることが、さまざまなメディアを通じて広く知れ渡るようになったためで、今や休日に限らず、老若男女が駅を訪れ、長い階段の上り下りを楽しんでいる。駅とは人が住まう、あるいは人が働く場所に設けられるものだから「秘境駅」という言い方もおかしいのだが、利用客の生活パターンの変化や、過疎化によって、秘境と呼んでも差し支えのない無人の土地に、駅のみが残される事態が生じたのである。この状況は、今もなお続いている。

秘境駅ブームは、まだしばらくの間続きそうな気配ではあるが、それぞれの駅を訪れた人は、果たしてどのような気持ちになって現地を後にするのだろう。現代の鉄道事業者に、明日の鉄道をもっと便利にしようという考え方は希薄で、傷を少しでも小さくしておきたいと考えながら有効な対策が施されることもなく、気が付いたら傷は手がつけられないほど大きなものとなっていたという、同じ図式がひたすら繰り返されている。

閑蔵

大井川鐵道井川線

1959（昭和34）年8月1日開業

電源開発を主目的として建設された井川線の最奥部に設けられた駅。
運転上の必要性から設置されたといわれ、
駅周辺に民家がない、文字通りの秘境駅。

南アルプスのふもとに佇む無人駅

静岡県は太平洋に沿って東西に延びた県だけれども、北に抜ける道、鉄道も何本か作られていて、それはいずれも深い山を越える。身延線は富士川に沿って甲府に抜け、飯田線は天竜川に沿って辰野に抜ける。列車が谷を抜ける時、車窓に迫っていた山裾がいつしか姿を消し、空が広がってゆく。それは爽快な風景だ。

しかし、この2本の路線に挟まれる形で南北に延びる井川線は、大井川に沿いながらも、どこにも抜けることはなく、井川を終着とする盲腸線となっている。その先に連なるのは3000m級の山が連なる南アルプス（赤石山脈）だから、これを越えるのは至難の業で、元より井川線は、山を越える旧道に沿って建設された路線ではなく、大井川水系を利しての電源開発を目的に建設された路線なのだから、山を越える必要はなかった。終点の井川駅からさらに北にも幾つかの集落がありはするが、鉄道を延伸させるだけの需要を生み出すことはない。今もこの路線の保有者は中部電力で、長島ダムの誕生で脚光を浴びたものの、井川線が電源開発のための鉄道であることに変わりはないのである。

そんな井川線は、大井川の流れに沿って蛇行を繰り返しながら続いてゆく。列車はレールを軋ませながら、カーブを抜けてゆく。かつての川根長島駅から名称を変えた接阻峡温泉駅までは観光客の利用もあるが、その先を訪ねようとする観光客は多くない。そこには観光目的となるスポットがないことを知っているのだろう。事実、終着の井川駅は石垣の上に駅舎が建つ小さな駅で、駅の周囲には商店も、観光施設も見当たらない。この駅から発車する上り列車は、今は12時台と15時台の２本のみである。この運転本数が、井川線の現在の位置づけを物語っている。奥大井湖上駅まで井川線を利用する観光客は一定数いるが、井川駅まで足を延ばそうと考える観光客は稀だ。

そんな井川駅の２駅手前に閑蔵駅がある。隣接する尾盛駅がダム建設の作業員の便宜を図って設けられたといわれるのに対し、閑蔵駅は閉塞区間を作るために設けられたといわれ、つまり当初から乗客の利用は見込まれていなかったということになる。駅が設けられているのも、井川線に並行して延びる市道からやや離れた場所だ。駅の両端には色灯式の信号が建ち、この駅が生きていることを示しているようにも見えるが、ごく稀にこの駅で下車するのは、好奇心が旺盛なのだろうハイカーのみとなっている。

かつては駅周辺に集落があったが、過疎化によって集落が消滅したことで秘境の駅となってしまった駅は全国に幾つもあるが、閑蔵駅はいわば誕生時から秘境に作られていたということになる。線路幅は大井川本線と共通の１０６７㎜ながら、トンネル断面に合わせて小さく作られた井川線の車両が発着するホームは低く、かつての軽便鉄道の駅を思わせる。その雰囲気は今は多くの人に知られるようになり、存在意義が認められたからこそ、ダム建設に伴って一部区間の水没が確定した後も、全線が廃止となることはなく、アプト式鉄道の建設という大規模な工事が実現したのだろう。

沿線人口が減っても存在価値の創出は可能だ

先にも記したように、この路線を保有するのは中部電力であるので、路線が一気に廃止となることは考えにくいのだが、この路線にも陰りはあって、かっては今よりも多くの列車が運行され、通学の利用客もあったのである。しかし、現在においては旅客輸送の意義、ことに接阻峡温泉駅以北のそれは、非常に希薄なものとなっている。閑蔵駅が運転の必要上設けられたことから利用客の減少をもって廃止に追い込まれることはないにしても、いつ「輸送の効率化」が断行されても不思議ではない。

観光色に塗り込められていない、山の中の小さな駅が幾つもあってこその井川線、という見方は、たまにしかこの地を訪れない者の身勝手な解釈なのだろうか。しかし、例えそうであっても、この路線のこれ以上の衰退を望む者は誰一人としていないはずである。

情報の多様化によって、利用者の選択肢が非常に多岐になり、その結果として今という時代は、「何が当たるのか、誰も解らない」時代となった。だからこそ、情報の創出にも継続性が求められるはずで、「やってみたけれど、駄目でした」と言っているだけでは、本当に駄目になるだけである。しかし、鉄道は簡単になくなることはないのだから、慌てることはないはずだ。

そしてこれは言うまでもなく、今求められているのは、観光需要のみに頼ることなく、鉄道を地域の経済を支える基幹産業と捉え、必要な運行を確保する枠組み作りだと思われる。人の往来が盛んになると、その地方の過疎化が進むという事例はこれまでにも多く、それは都市の利便性を知った地方の在住者が転居するという動きによるものとされるが、通信環境の整備が進んだ現代は、かつてのような大きなギャップはない。もちろん通信で送れるのは電気信号だけだから物流の整備は必要で、そこにも鉄道の出番があるはずだ。

小和田

JR東海飯田線

1936（昭和11）年11月30日開業

秘境を走る鉄道の日本代表に選ばれることも多い
飯田線の核心部に位置する秘境の中の秘境駅。
秘境見たさに訪れる人も少なくないが、存在意義は低下を続けている。

乗っていて楽しい 路線としても筆頭格の飯田線

月刊『旅』の編集長を長く務め、紀行文作家としても活躍した岡田喜秋氏は、自身の作品で千曲川の流域ごとに変わってゆく眺めを交響曲に例えた。なるほど、この先の尾根を越えればそこは埼玉県という長野県でも最奥と呼べる山合いを水源とし、日本海に流れ出るこの川は、上流域では小さな金管楽器を思わせる可憐な姿を見せ、信濃川と呼び名を変える河口近くでは、巨大な打楽器を連想させる雄大な姿となる。新潟出身の作家、坂口安吾は信濃川の河口を「七町半もあった」と形容しているが、4つの楽章に分かれる交響曲への例えは、確かにこの川の姿にふさわしい。

それであれば私たち鉄道好きは、豊橋駅と辰野駅を結ぶ飯田線の姿を、交響曲に例えてみたい。

その第一楽章は豊橋駅から豊川駅までで、この区間は都市近郊の通勤路線のテイストがある。名鉄の車両が隣に並ぶ豊橋駅を後にして、少しの間、東海道本線と並走し、豊川駅では再び名鉄の車両と顔を合わせる。

第二楽章は豊川駅から中部天竜駅まで。それまでとは少し雰囲気が異なり、線路は山間に分け行ってゆく。中部天竜駅は山間の拠点駅で、かつては駅に隣接してレールパークがあったが、名古屋市のリニア鉄道博物館に吸収される形で姿を消してしまい、駅周辺が淋しくなった。

第三楽章は中部天竜駅から天竜峡駅まで。この区間では線路は天竜川に沿った、狭くて深い峡谷の中を走る。短いトンネルが幾つも連続し、飯田線の核心部とでも呼びたくなる区間だ。

最終楽章は、天竜峡駅以北である。この区間で、線路は広い伊那谷に飛び出す。辰野駅行の列車であれば、左の車窓には中央アルプス（木曽山脈）が、右の車窓には南アルプス（赤石山脈）が姿を現す。ここも四季それぞれに魅力ある車窓風景を楽しめる区間だ。鉄道ファンは誰もが厳しい目を持っているから、この区切り方に異論を唱えたくなる人もいることだろうが、飯田線が、乗っていて楽しいことに異論を唱える人は少ないはずである。延長195・7kmの路線を普通列車で走破すると、およそ6時間40分が要されることになるが、この時間があっという間に過ぎてしまうことも、飯田線を旅したことがある人であれば、知っていることだろう。

4社で建設された秘境の鉄道

飯田線が全通したのは1937（昭和12）年8月20日で、最後まで残されていたのが大嵐駅と小和田駅の間であった。飯田線は元々4つの私鉄によって建設が進められた路線で、豊川鉄道が豊橋駅と大海駅（現・長篠駅）の間を、鳳来寺鉄道が大海駅と三河河合駅の間を、三信鉄道が三河河合駅と天竜峡駅の間を、伊那電気鉄道が天竜峡駅と辰野駅の間を建設した。4社は1943（昭和18）年8月1日に国有化され、豊橋駅と辰野駅の間が飯田線となる。この合併は、全国の鉄道をなるべく一元化して、輸送の効率化を図りたいとする、いわゆる戦時統合によるものだった。

こうして、わが国を代表する山岳路線である現在の飯田線は、国の管轄下に置かれたわけだが、いまこの路線を走ってみても、特に三信鉄道が建設した区間の狭隘な道には驚かされる。線路は天竜川に沿った谷の、山腹を削って作り出された狭い軌道敷に延びる。元より人口過疎地帯であったはずのこれだけの山峡に、鉄道を通した人々の情熱は何に拠ったものだったのだろう。

小和田駅は、三信鉄道が建設を手掛けた駅である。駅が開業したのは飯田線全通のおよそ8か月前のことで、当時はまだ鉄道が通じていなかった大嵐駅との間は天竜川の船便で連絡した。当時の小和田駅の周辺は天竜川で木材を運搬するための筏の集散地になっていたといい、街道もここを経由したというから、地域の要所となっていたに違いない。今日からは想像が難しい昔日の風景である。

しかし、1956（昭和31）年に佐久間ダムが完成すると、小和田駅周辺の集落は水没した。佐久間ダムの建設は当時の国家的プロジェクトで、ダムの完成後は記念切手も発行されているが、あらゆる出来事には陽の当たるところ、陰になるところがあるということだろうか。小和田駅は、駅が建設された時の役割を失った秘境の駅となってしまったのである。現在においても、駅の周辺に民家はない。

現代は秘境駅の探訪もブームになっている。ＪＲの割引切符が発売される時期ばかりでなく、今はそのような特典のないウィークデイであっても、この駅で途中下車をして、駅でひとときを過ごし、また電車に乗ってゆく。

ブームはいつの日にか沈静化する可能性がある。飯田線の、かつては三信鉄道が建設された区間には小和田駅と似た環境の、極端に利用者数の少ない駅が幾つかあって、それらの駅が「整理」されてしまうかもしれない。それによって、人の姿を見ることさえない山奥に線路を切り開いた先人の情熱に触れる機会が失われてしまうようなことがあれば、それも残念なことである。

坪尻

JR四国土讃線

1950（昭和25）年1月10日開業

土讃線の核心部に位置する無人のスイッチバック駅。
利用者数は極端に少なく、JR自身が「秘境駅」と認めている。
活用法が見出せないまま、時間だけが過ぎてゆく

讃岐山地の奥深くにあるスイッチバック駅

地図を広げて四国を俯瞰すると、このさして大きいとは言えない島のほとんどが山地であることを理解できる。平地は海沿いと、川に沿ったわずかな場所にあるだけで、あとは山、山、山である。本州の中央高地のような峻険な峰が連なる山岳地帯はないことから、四国が山の国と形容されることはないが、この島の4つの県は、山というパーテーションによって、きっちりと区切られている。

四国の中央部を南北に走る土讃線は、その核心部において2度の山越えをする。それはこの路線のほぼ中央のあたりに、吉野川が刻んで作った細長い平地があり、この平地を挟んで南北に山地が連なっているることによる。平地の中心になっている町の一つが池田町で、駅の名前は阿波池田。この町にある高校の部員わずか11名の硬式野球部が、甲子園の野球大会で準優勝したのは1974（昭和49）年のことで、「さわやかイレブン」という言葉が流行したが、いま、この町を歩いてみると、駅前の通りは賑やかであっても長くは続かず、やはり人の少ない地域であることが理解できる。

この町の北側に広がっているのが讃岐山脈とも呼ばれる山地で、町の南側に広がる四国山地の石鎚山、剣山のような高峰はないものの、深い山地であることに変わりはない。そう、四国の山は、高くはなくても、深い山なのである。

讃岐山脈を越える土讃線のもっとも山深くにあるのが坪尻駅で、駅の海抜標高は272m。土讃線の阿波池田駅より北では、もっとも高い地点にある駅である。この駅にはスイッチバックがあり、ホームは単式のものが1本のみで、この駅に停車する普通列車は、南北どちらの方向に向かうにしても、一度後退をする必要がある。特急列車は駅を通過するので進行方向が変わることはなく、車窓から趣のある駅の姿を眺めるだけのことになるが、ぼんやりしていると駅の存在に気が付かないことがあるかもしれない。駅の周囲には商店はおろか、民家もない。駅に通じているのは細い道だけで、車が通行できる道は駅の周囲にはない。まさに「秘境駅」の一つに数えることができるのがこの駅で、1日の利用客数は2名と発表されている。この利用客数が、駅という施設の維持に見合うものではないことは明確ではあるのだが、全国の「秘境駅」と同じように、この駅にもかつては多少の利用客があった時期があり、その歴史的経緯もあることから、たとえ現在は駅の利用者が少なくても、駅が廃止されるには至っていないというのが現状である。

1日に3往復が停車するだけの駅の存在価値とは

もちろん、利用客数が少なくとも、駅を維持し続けることこそ、鉄道会社に本来課せられた責務であるはずで、たとえ「秘境駅」に数えられようと、駅が健在であることは、利用者にとってもファンにとってもこの上ない喜びである。何もかもを多数決で決めるのが民主主義ではなく、全員の立場を勘案した上で指針を定めることこそが、その本来の考え方だろう。その意味で、非採算性を盾として切り捨てを進める現在の大手鉄道会社の手法は拙速の感が強すぎるように感じられる。

振り返ってみれば、明治政府が当初は私有鉄道を認めなかったのは、鉄道という交通機関の維持が容易ではないことを把握していたからと思われる。私有鉄道を認めれば、それは採算性が高い都市部にのみ集中し、地域間の格差を拡大させるというのがその論旨で、その中心にいたのが「鉄道の父」と呼ばれることもある井上勝だった。井上はあの「長州ファイブ」の一人である。井上が活躍した時代から、現代まで、いったいどれくらいの時間が経ち、その間に、日本の鉄道はどれだけ進歩したのだろう。

現在の坪尻駅には1日に上下3往復ずつの普通列車が停車し、それがこの駅に発着する列車のすべてである。上りの終発となる多度津駅行の発車が13時52分だから、夕方の通勤、通学、ラッシュとも無縁である。JRの側も「秘境駅」としての存在価値を認めているようで、土讃線で運転されるイベント列車を停車させる例もあった。もちろん、この列車の発車後に駅は無人となる。当駅から、かつては国道だったという県道までは徒歩15分から20分。この道にはバスも運行されているから、地域の住民にとっても駅は縁のない存在で、だから1日の利用客が2名という、凄まじい数字が叩き出されることになる。

現代という時代における、地方の駅の存在価値とは何だろう。全国の国鉄の駅に駅員が常駐していた時代には、駅は救護所の役割も担っていた。それは鉄道の利用客ばかりでなく、地域住民にとっても役に立つ存在で、だからこそ駅長は住職、郵便局長と並ぶ地域の名士であった。

利用客2名の駅は、恐らく廃止されても地域の暮らしが根底から覆ることはない。けれども駅が廃止されれば、それは単なるモニュメントとなってしまい、つまり石の塊と同じである。残された駅施設が活用されて地域の生活パターンが見直され、駅の利用者数が増えることが理想の姿なのだろうが、そういう事業に取り組もうと考える人はいないようだ。

宗太郎

JR九州日豊本線

1947（昭和22）年3月1日開業

**日豊本線の建設時に、直線的なルートが選択されたことから
線路は随所で無人の山間部を通り、過疎地帯にも駅が設置された。
その選択が今は負担に変わりつつある。**

日豊本線最後の開通区間となった佐伯〜延岡間

現在は幹線となった日本の鉄道の多くの路線は、そのほとんどが明治期から大正期に建設された。それは1892（明治25）年6月21日に公布された鉄道敷設法に則って国が強力なリーダーシップによって建設を進めた路線もあれば、複数の事業体が建設した路線が、長い年月を経た後に、一つのルートを形成したものもある。複数の路線が1本に統合された経緯もさまざまだが、その背景には、鉄道という交通機関が日本という国を支える重要な産業という共通認識の下に進められた事業であったことは同じだった。

複数の路線が統合されて幹線を形成した路線の代表格は山陰本線や、「本線」と名乗っているわけではないが飯田線などが好例だろう。いずれも鉄道の地位の低下によって、その存在が蔑ろにされがちな近年の風潮がありはするが、もしもこれらの鉄道が完成していなかったとしたら、その沿線地域はどのような姿をなって今日に至っただろう。日本の近代史に登場することのない、人に注目されることも稀な地域になっていたのではないだろうか。あらゆる苦難に打ち勝ち、深い山の中に線路を通した先人の情熱には頭が下がるばかりだし、与えられた課題から決して逃げることをしない技術者たちのチャレンジング・スピリットがあったからこそ、現代の鉄道地図が作られたはずである。

九州の東側の海岸線に延びる日豊本線も、長い年月をかけて、複数の路線が1本につながった路線だ。現在は462・6㎞の幹線となったこの路線は、北と南から建設が始められている。徐々に路線の延伸が続けられた後、南北の路線が1本に繋がったのは1923（大正12）年12月15日のことで、佐伯駅と延岡駅の間の58・4㎞が最後の開業区間となった。

大分県の南部に位置する佐伯の町は縄文時代には人が定住していたと伝えられ、江戸時代には佐伯藩の城下町として栄えている。良港も控えた地域の中心となっている地に早い時期に鉄道が達したのは、当然の成り行きだったろう。

しかし、延岡への鉄道の建設は容易ではなく、まずルートが比較検討され、海岸線から離れて山間部をショートカットする現在のルートが選択された。このルートは直線的に線路を建設できることから結果的には費用を抑えることができ、既存の国道が並行することから、建設資材の運搬も容易であろうことが推測されたのである。建設工事は、58㎞あまりの距離を9つの工区に分けて進められた。

地域の疲弊の象徴ともいうべき山間の小さな駅

宗太郎駅は1923（大正12）年12月15日、すなわち日豊本線が全通した日に、信号場として開業した。そして、終戦後の1947（昭和22）年3月1日に駅へと昇格している。この措置は地元との関係にも鑑みて採られたものであったろう。駅が設置されている場所は、今も国道10号線が並行しているが、山間にあり駅周辺に住まう人は多くない。それでも地元にとって駅の開設は大きな喜びであったろう。線路が通り、そこに信号場が開設されて交換のために列車が止まっているのを見れば、ここから列車に乗りたいと人が思うのは当然のことである。

駅名は近隣にある宗太郎峠から採られ、この名は近世にこの地域一帯の山を見回っていたという洲本宗太郎に因んだものであった。駅が設けられている地の字は重岡であるが、同名の駅はすでに北隣りにあり、新しい駅名を立ち上げる必要があった。単に南重岡とするよりも、故事に因んだ駅名の方を住民は嬉しく思ったことだろう。

ただ、山間の小駅であることからその後の利用客数が延びることはなく、この駅に停車する列車は昭和30年代でも1日6往復程度に過ぎず、現在は1日に下り1本、上り2本のみとなっている。これでは列車を利用するのも至難の業と思えるが、事実、発表されている1日の平均利用者数は0・22人というもので、これは全国の駅の中でも突出した数字となっている。まさに秘境駅の中の秘境駅といった趣きで、並行する道路沿いには民家も建っているのだが、鉄道に頼ることのない生活様式が確立しているのだろう。

ここにも現代の鉄道が直面している難しい問題がある。利用者数が少ないがゆえ、サービスが低下し、それによってさらに利用者数が低下するという負のスパイラルと、どこも断ち切ることができないのである。

一部の第三セクター鉄道のように、この難問に果敢に挑戦し、一定の成果を上げて見せた例もあったが、それが黒字転換に至ることはなく、為政者はこれを失敗と見なすことができる。JR九州がこの駅にイベント列車を停車させて駅の利用客数を増やしてみせたこともあった。もちろん、この数字によって駅の収支が変わり、駅が廃止を免れるという図式にはならないのだろうが、鉄道会社がこの駅の存在意義を認めていることの現れではあるのだろう。「次の一手」に期待したい。

第3章

この章では、時代に取り残された感のある駅を集めている。何をもって時代のニーズとするのかは定義が難しく、営業成績が落ちたからと言って、すぐに変わり身を果たそうとするのであれば、それは鉄道という交通機関の本分からは離れたものとなるのだろうが、さりとて、ひたすらに存在価値が希薄になり続ける一方と言うのであれば、それが望ましいことであるはずがなく、そのしわ寄せはいつの日にか、利用者に回ってくることになる。

地方における過疎化の進捗、少子化による人口減少などによって、鉄道のみならず、あらゆる交通機関が存続の意義を問われているのが現代という時代なのだろうが、新たなスタイルを確立させることによって、利用者に安心を届けることも、また事業者にとっての責務であるはずだ。

折渡

JR東日本奥羽本線

1987(昭和62)年4月1日開業

**信号場から昇格し、JR発足の日に駅としての営業を開始。
しかし、駅周囲の人口が少ないことに変わりはなく、
今もこの駅を利用する人は多くない。**

信号場として開業した30年後に駅へと昇格

秋田県下、奥羽本線の山間部を抜ける区間に開設された駅。この駅の2駅南寄りの駅が、由利高原鉄道が分岐する羽後本荘で、1駅北寄りが松本清張の『砂の器』にもその名が登場する亀田である。

『砂の器』の第一回が新聞に発表されたのは1960（昭和35）年5月17日のことで、1957（昭和32）年2月から発表された『点と線』で一躍人気作家となった清張は、以後続々と発表する推理小説の舞台を意図的に全国に散らし、より強い読者の興味を引くことに成功した。『点と線』の冒頭には特急「あさかぜ」が登場するが、作品が執筆された当時の「あさかぜ」は、私たちがすぐにイメージする20系客車を使用したものではなく、編成中に旧型客車も組み込まれた貧相な姿をしており、東京駅での横須賀線ホームからの「見通し」も、ダイヤ改正が行われた後は不可能になっている。いわば作者渾身のトリックが、一瞬のうちに反古となってしまった形だが、だからと言ってこの小説が間違いだ、とはならない。今なお評価を得ているのは、この小説が人の心の動きをきちんと描けているからだろう。

まだ、東海道新幹線も開業していない時代の全国の鉄道、例えば奥羽本線や、有名スポットの姿はいかばかりだったろう。それは、この時代の人々にとっても同じことで、自室の端末やスマホで、瞬時のうちに世界中の風景を見ることが出来てしまう今日とは異なる未知の世界がそこにあった。だからこその旅行ブームが起こり、清張はまんまとそれを誘導し、そして波に乗ったのだった。

いささか古く、そして脱線気味の書き出しとなってしまったが、折渡駅が駅として開業したのは比較的近年の、JRが発足した折のことで、JRが発足した日にこの駅も開業したのだった。もっとも、駅に昇格する前から折渡信号場として使用されていたという経緯があり、信号場として開業したのは、1957(昭和32)年9月28日のことである。信号場があって、列車が止まっているのを見れば、誰だってそこから列車に乗りたくなるのは当たり前のことで、考えてみれば、よくも30年間もの間、地元住民は我慢をしてきたものだが、国鉄が民営会社に変身したことで、地域住民の意見を汲み取る柔軟な姿勢が示されたということかもしれない。これも今は昔の話である。

信号場から格上げされながらも地域への貢献度は高くない

いま、折渡駅が位置する場所には、峠を越える際に病死した人を弔うために建てられた地蔵尊があり、その地蔵尊を迂回するトンネルが建設されたことから「折渡」という名が生まれた…。折渡という地名の由来には、そんな説があるという。土木技術の発達が遅れた日本において、トンネルの掘削が可能になった時代に地名を巡る伝説が生まれたのかについてはいま一度検証の必要があるのかもしれないが、この駅の周辺は確かに民家もまばらで、古い民話を思わせるそんな説も、確かに山の中のこの地には似合っている。事実、折立、折原、折谷などの地名は、つづら折りの道がありそうな、山の中に散見され、この折渡駅も、同様に山の中に所在する。

当然ながら、当駅に駅員の配置はなく、奥羽本線を走る普通列車もその多くが当駅を通過し、今は上下合わせて8本の列車が停車するのみとなっている。この数字をどう見るのかは人によって意見が分かれるかもしれない。これでは利用したくても利用できないと捉えるのか、たとえ利用者が少なくても、これだけの本数の停車は確保されていると捉えるのか、その考え方は地元の人の間でも見解が分かれるところだろう。それでも、これが現代日本の、地方の駅の姿である。日本を代表する鉄道エンジニアであった島秀雄は、「ローカル線においても、1時間あたり最低1本の列車を運転するべきである」と地方閑散線区の在り方を説いた。3分間隔、5分間隔で列車が運転されるのが当たり前という人口密集地帯で暮らしていると、1時間に1本の列車というものの存在意義を疑いたくなるが、自身が生活のリズムを合わせてしまえば1時間に1本の列車の運転というのは決して使い勝手の悪いものではない。昭和40年代までの、日本のローカル線のほとんどがそのような運転体制を敷き、それが不評を招くこともなかった。そもそも鉄道とはそういうものと捉えられていたのだろう。その代わり、鉄道員は運転時間を病的なまでに遵守した。それは雨の日も雪の日も変わらない姿勢で、だからこそ、日本の鉄道は国民からの信頼を得たのである。

往年の国鉄は、職員は無愛想で、駅のトイレは清潔感の乏しいものだったが、裏表のない真摯な姿勢はかけがえのないもので、だからこそ、今になってあの時代が懐かしく思えるのだろう。今のＪＲの駅の、洗練された、けれどもどこかに表裏があるような姿を見ていると、あの時代に戻りたいと感じてしまうこともある。そういえば、この折渡駅は、ＪＲ後に誕生した駅なのだから、昔の姿を見るのであれば、タイムマシンで信号場の時代まで遡らなければいけない。それであれば70年近く前のことになるから、風景は今とは大きく異なっているだろう。

奥新川

JR東日本仙山線

1937(昭和12)年11月10日開業

日本初の交流電化が行われたことで、ファンの知名度も高い仙山線の駅。
産業構造の変化によってかつてあった集落が消え、
現在は秘境駅の様相を呈している。

昭和30年代には、ここに先端の技術があった

仙山線と聞いてファンがまず思い出すのは、交流電化の話だろう。この路線はわが国で初めて交流電化が行われた路線であり、そのための数々の実験が行われた路線であった。

鉄道における交流電化のメリットは、高電圧での送電が可能になることとされる。電力というエネルギーの最大のディスアドバンテージは、送電時のエネルギーロスが大きいことだが、高電圧での送電ができれば、このロスを小さくすることが可能となり、加えて変電所の数を減らせることから、トータルでは運用コストを低く抑えることできる。車両単体の製作コストは高くなる傾向があるが、高出力化が期待できることから、列車の高速化も期待できる。わが国では第3代国鉄総裁の長崎惣之助がこれを積極的に推進した。交流電化の研究は1953（昭和28）年頃から始めたとされ、1955（昭和30）年には仙山線の北仙台駅と作並駅の間が50Hz、2万Vの方式を採用して電化され、各種の試験が進められた。仙山線が試験の場に選ばれたのは、さほど列車の運転本数が多い路線ではなく、適度なこう配があることから、車両の性能を試すには好都合で、直流電化区間が隣接することから乗り入れ運転の試験を行うことも可能で、作並には車庫があり、これも試験の実施には好都合と目されたことによるものだった。

しかし、以降に行われた試験は苦闘の連続となった。なにしろまだ試験に応用できるデータが少なかったことから、試験は1ステップごとに手探りの形で行われ、機関車に搭載した機器が燃え出してしまうこともあった。

穿った見方をするのであれば、この苦難の道は技術者にとっては興味の尽きない、もっと言えば楽しくて仕方がない道のりであったように思える。技術者という種族は、ことに及んで逃げないことを身上とする。与えられた課題は膨大で険しいものであったが、それを複雑なパズル、先の長いゲームに例えてしまったら過ぎるのだろうか。少なくとも現場で働く技術者にとって、仙山線での毎日は充実したものであったはずだ。

そして仙山線は1968（昭和43）年9月10日に作並駅と羽前千歳駅の間の交流電化を完成させている。わが国で初めての交流運転が開始されたのである。それは国鉄が交流電化の研究を始めてから、およそ15年後のことであった。

駅の近隣に作られた観光施設も閉鎖された

こうして日本の鉄道史の舞台となった仙山線であったが、近年は日本の多くのローカル線と同じように、沿線人口の減少による疲弊に悩まされる毎日となっている。

殊にそれが顕著なのが奥新川駅の周辺で、かつてこの地域には新川鉱山（秋保鉱山）があり、あるいは新川森林鉄道があって、銅が産出され、沿線で伐採された木材も運搬されていた。新川森林鉄道は延長5・1㎞の短いものであったが、森林資源運搬に活用されている。新川鉱山は1961（昭和36）年9月30日に閉山となり、新川森林鉄道も1960（昭和35）年には廃止となっている。林業や鉱業は資源が枯渇したと見なされると、その産業に従事していた人たちが転出してしまうのが常で、近世から地場の産業として地域の経済を支えていた産業が、昭和30年代半ばに人と共に相次いで姿を消したのである。鉱山や森林軌道が健在だった時代には奥新川駅の周辺には集落があり、また国鉄職員の官舎も建てられていたといい、これらの住民は当然駅の利用者となるのだが、２０１７（平成29）年時点で奥新川駅周辺に住むのは3世帯、3人のみというデータも算出されている。この地に産業が何もないというのであれば、もはやそこに住むのは難しく、選んでそこに住む必要もない。

もちろん、衰退を続ける状況を地元自治体が放置したわけではなく、近隣を流れる新川川に沿った山道を整備して遊歩道とし、キャンプ場もオープンした。奥新川は仙台駅からおよそ50分で到着できる、仙台市民にとって手頃な観光地となったのである。

しかし、観光産業は次々に新手を打たなければリピーターの獲得が難しくなるという一面がある。奥新川周辺の観光施設にもやがて翳りが見えるようになった。そして２０１６（平成28）年にはキャンプ場も閉鎖されている。自然を市民のレクリエーションの場とするためには一定の手入れも必要だが、奥新川駅周辺の放置されたままの自然は、この状態にはほど遠く、特に冬場には人の姿を見ることが稀な状況が続いている。駅のある場所とは思えないのが現状だ。

地元新聞がこの惨状を見かね、社説で「放置ではあまりに惜しい」と説いた。この一文が功を奏したのかどうかは不明だが、最近はこの地を訪れる人が少し増えているという報告もある。ただ、その波はまだあまりにも小さい。

現代が過渡期だと言うのであれば、私たちはまだ少しの間、この閉塞感に苛まれなければならない。

芝山千代田

芝山鉄道芝山鉄道線

2002(平成14)年10月27日開業

多方面に議論を巻き起こした成田空港建設の、地元への補償として建設された駅。
一定の利用者数はいるものの、存在意義は不透明なままで、
さらなる改良が求められる。

成田空港建設の補償として建設された鉄道

今はもう、成田空港（新東京国際空港）建設時の長い闘争を記憶している人も減り始めているようだ。キャパシティオーバーになり、設備面でも、滑走路の短さなどから時代のニーズへの対応が不十分になった羽田空港（東京国際空港）を救済すべく、首都圏に新しい空港建設のための調査が開始されたのが１９６２（昭和37）年。幾つかの候補地の中から成田市三里塚への新空港建設が閣議決定したのが、１９６６（昭和41）年７月４日のことだった。

しかし、ここから新空港建設への道はいばらの道となった。羽田空港の状況を踏まえ、少しでも早く新空港を掌中にしたい国に対し、土地を奪われることを良しとしない地元住民と、与党の政策に反対を続ける政治グループが手を結び、壮絶な反対運動を展開したのである。反対運動にはテロリズム的な行動も含まれ、京成電鉄の空港アクセス特急車が焼き討ちにあう事件までが発生した。長い時間を経て、成田空港は１９７８（昭和53）年５月30日に開港するが、その後も反対運動は続き、現地の人の間にも、建設容認派と反対派の間の大きな分断を招いた。この大きな傷は21世紀の今日においても、残されているように見受けられる。今もまだ、空港の建設に納得はしていない人もいて、ただ高齢化が進んだこともあって、かつてのような目立った行動ができないという。

２００２（平成14）年10月27日、芝山鉄道の東成田駅と芝山千代田駅の間が開業した。駅数２、営業距離２・２㎞のこの私鉄は「日本でいちばん短い私鉄はどこか？」というクイズの問題になることも少なくないが、クイズの答えを聞いても、そもそもこの鉄道の存在を知らず、きょとんとしている人も多い。芝山鉄道が開業するまで、日本一短い私鉄だった和歌山県の紀州鉄道は、自社のブランドイメージを引き上げるために、不動産会社が既存の小私鉄を買い上げたことが話題となったが、芝山鉄道にはそういった話題は皆無だった。この鉄道は、成田空港によって東西が寸断されてしまう空港東側の住民への補償として建設された鉄道である。建設に際して、第三セクター・芝山鉄道が立ち上げられた。西側のターミナル東成田駅で京成電鉄と接続し、東側のターミナル芝山千代田駅まで、所要4分の道を走る。終着駅の芝山千代田駅は高架上に単式ホーム1本が設けられ、駅前も近年に建設された駅らしく、整った姿をしているが、商業施設は少ない。駅前から北東方向に、東成田駅に向かって延びる道は両側に金網が建ち、やはりここが空港の町であることを再認識させられる。

求められるべき姿とはほど遠い政治的決着

芝山鉄道が京成電鉄と接続する東成田駅も、政治の動きに翻弄された駅である。この駅は成田空港の直下にある地下駅で、1978（昭和53）年5月21日に開業したが、空港に直結することはできず、空港利用者はシャトルバスへの乗り換えを強いられた。当時はまだここに新幹線を乗り入れさせる計画があって、駅は新幹線を優先する構造が採られていたのである。

しかし、成田新幹線の建設計画は一部の構造物を建設したのみで消滅し、この施設を転用する形で第三セクター・成田空港高速鉄道が開業し、旅客ターミナルビルの直下に新駅が誕生。この駅が成田空港駅、空港第2ビル駅となって現在に至っている。新駅は空港アクセス鉄道に求められる空港施設へのアクセスの良さを備えており、開業直後の、駅のすべての利用客が手荷物検査を受けるという物々しさも影を潜め、今はインバウンド観光客で賑わいを見せている。空港の建設決定以来、実に数多くの出来事があり、処遇が二転三転した空港アクセス鉄道も、一応の形を成したように見える。

それでも残されたのが、東成田駅だった。新駅の誕生によって本来の役割を失ったこの駅は、京成電鉄東成田線の終点、芝山鉄道の起点という位置づけとなった。この駅からは空港第2ビルへ続く地下道が設けられ、空港に勤務する利用者も一定数いるが、新駅が見せる活気とは対照的で、この駅を訪れたファンが「廃墟のようだ」と印象を綴った文章もインターネットに掲載されている。それは一ファンの率直な印象であろうし、そういった非日常的な姿にも探訪の面白さがあるが、相応の費用をかけて作られた施設のあるべき姿であろうはずはなく、つまりは政治の貧困の象徴である。人の心は常に揺れ動き、社会に求められる姿も変わり続ける。鉄道という交通機関は、運行に巨大なインフラを要するから、目論見が外れた時には不幸な姿をさらしてしまうのが常だが、あるべきでない姿がそのまま使用され続けていることにこそ、問題の先送りを得意手とするこの国の政治の姿が反映されている。

諸問題が十分な解決を見ないまま、芝山鉄道は開業20周年を迎えた。今は成田空港の第3滑走路新設を巡って新たな課題が生まれ、再び住民の間の分断を生み始めている。芝山鉄道は九十九里方面への延伸を検討しているというが、新路線が開通した時に初めて、この鉄道の正しい評価がなされるのかもしれない。

海芝浦

JR東日本鶴見線

1940（昭和15）年11月1日開業

運河に沿って設けられた海が至近の駅。
一般の乗客が改札口の外に出られないことが玉に傷で、
駅としての存在価値をさらに高める工夫も欲しい。

ホームのすぐ下に海が広がる

駅名はこの駅が海に近いことと、芝浦製作所に近いことを繋げたもの。駅名に駅の立地を加えるやり方は各地で採られた方法で、同じ鶴見線にも浜川崎があり、今は廃止となってしまったが、安善駅の南寄り、すなわち浜辺の側には浜安善貨物駅があった。つまりは南浦和、北品川などと同様の切り口なのだろう。もっとも、品川駅は港区にあるが、それでは北品川駅は?であるとか、根室駅は東の果てにある駅ではないの?その手前にある駅が、それよりももっと東にあるの?といった駅のネーミングには微妙な綾が付くものも少なくはなく、その点、「海」や、「浜」という一字の追加は解りやすい。

一方の芝浦という地名を冠した企業は、現在は東芝と名前を変え、今も当駅の改札口の前に建っているのも東芝エネルギーシステムズ京浜事業所である。よく知られているように、この駅の改札口はこの事業所に直結しており、事業所に行く人でなければ、改札口から外に出ることができない。守衛室の前にSuicaの端末があるので、これにタッチして、一般乗客は来た道を帰ることになる。何だか専用鉄道のような姿ではあるが、そもそもが現在は海芝浦支線とも呼ばれている浅野駅と海芝浦駅の間は、芝浦製作所の専用線だったものを、1932(昭和7)年6月10日にこの鉄道の建設を手掛けた鶴見臨港鉄道が買収したものであったから、当初から現在のような客扱いが行われていたのだろう。あるいは、昭和初期のことであれば、現在のようにさしたる用事の無いものが、のんびり電車に乗って、不思議な駅の見学に出かけるというような行いは憚られたかもしれないから、専用線に準ずるような客扱いのやり方も、なんの差支えもなく行われていたことだろう。

この駅の単式1本のホームは京浜運河に面していて、ホームの下は海。四角い形の運河の海ではあるが、海であることに違いはなく、特に晴れた日はホームに立って（ホーム上には上屋もベンチも設置されていない）、風に吹かれるのが心地良い。1995（平成7）年5月には、ホームの先に「海芝公園」が開園し、列車の折り返しを待つこともできるようになった。用地は東芝側が提供したもので、何もすることがなく引き返す乗客への気遣いによるものだろう。ただし、海芝浦を発車する電車は、予告なく突然発車して消え去ってしまう印象があり、この支線で運転される列車本数は多いとは言えないから、常に発車時間を気にしながらの公園の利用となり、これは画竜点睛を欠いているようでもある。発車1分前にチャイムを鳴らすなどのアイディアが実行されれば、もっと多くの人が、この駅を愛するようになるはずなのだが、鉄道会社にそこまでのサービスは不要か。

路線全体に疲弊が見える鶴見線

工場が密集する中を走る鶴見線は、先にも記したように、全線が私鉄・鶴見臨港鉄道によって建設された。その立地から軍需の色合いも濃かった路線であったに違いなく、1943（昭和18）年7月1日に国によって買収され、国鉄鶴見線へと名称を変えている。そして空襲によって、全線が焦土と化した。海芝浦支線が買収される前年の1931（昭和6）年8月には、武蔵白石駅の西方に海水浴場前臨時駅が開業しているから、まだこの時代には沿線で海水浴が楽しめる環境が残されたいたことになるが、戦争を機にして京浜地区の風景は大きく変わったことになる。

　昭和中期の日本の高度成長の時代は、鶴見線にもっとも大きな役割が課せられた時代であったかもしれない。安善駅、浜川崎駅などの広い構内は貨車で埋め尽くされ、工場で産出される製品の運搬は、この路線の大きな役割となった。旅客営業は10台の形式番号を持つ17m級車体の旧型電車に委ねられ、それは後に73系へと改められるが、「貨主客従」の性格を有していることを、明確に物語る事象となったのである。

　けれども時代は移り変わり、鶴見線に不可欠の存在であったかに見えた貨車は姿を消した。大川支線の終点、近隣の工場で生産される製品を運搬するためのホッパー車が常駐していた大川駅の留置線は、今は雑草によって埋め尽くされ、設備の再利用も困難な状況であるように見える。

　鉄道貨物輸送がトラック輸送にシフトし、その理由はトラックの小回りが利く輸送体系であったという話はよく耳にするところだが、同じ理由で、これ以上鶴見線が衰退することがないことを願いたい。さまざまな施設に疲弊も見えるようになった路線である。駅が消えたりする前に、路線全体のリノベーションが行われてもよい時期ではないだろうか。小さな駅ではあるが、海芝浦駅にも何か新しい魅力が欲しい。なにしろ今は、海に面した駅に自由に出入りできる東芝の社員が、皆羨ましくて仕方ないという状態なのだから。

ガーラ湯沢

JR東日本上越線

1990（平成2）年12月20日開業

スキー場への玄関としてゲレンデと共に営業を開始。
アクセスには秀でているが、レジャーの基点となるには至らず、
現状も未来像も不鮮明なままに時を重ねている。

スキーブームの真っただ中に冬季限定で開業

スキーブームの最盛期がいつのことなのか、ＡＩに訊いてみたら、それは１９８５（昭和60）年から１９９５（平成７）年にかけてのことだと答えが返ってきた。これは確かに覚えのあることで、この時代には金曜日、あるいは土曜日の夜には、東京であれば「環七」や「環八」には、ルーフキャリアにスキー板を載せた車が列をなしていた。そしてたどり着いたスキー場では、リフトに1時間待ちという行列ができることも珍しくはなかったが、それでも若者はスキーに出かけたのだった。

上越新幹線の越後湯沢駅の少し先にガーラ湯沢駅が開業したのは、スキーブーム真っただ中の１９９０（平成２）年12月のことである。法規上は上越線の駅となるこの駅は、実際には越後湯沢駅の先にある新幹線の保線基地を転用して開業し、冬季だけ営業を行うこととした。その後には、イベントの開催に伴って冬季以外にも駅がオープンすることもありはしたが、冬季のみ営業する駅であるという原則は今も変わりない。この駅は、スキー場に直結するという役目を担うべく設けられたのである。

目的が特化したこの駅の機能性は抜群で、改札口の真正面が、駅の開設に合わせて整備されたゲレンデの入口である。そこにはリフトが発着し、改札口の回りに作られた更衣室や、貸しスキーで身支度を整えたスキーヤーは、そのままゲレンデのてっぺんに上がることができる。上越地方の雪はやや水分が多いことから、北海道や、北信のスキー場に比べれば質が劣るとはいわれるが、この地域は首都圏からのアクセスには秀でていて、殊に新幹線がゲレンデに直結しているとなれば、存在価値はピカ一となる。「環七」や「環八」を埋め尽くしていた車は、行きも帰りも渋滞にさいなまれ続けていたが、新幹線利用であればその心配もない。JR社員の発案によって生まれたという駅の未来は輝いているかのように見えた。

それでもその答えには「しかし」という言葉がつけ加えられた。さしものスキーブームにも、翳りが生まれたのである。その理由にはさまざまな事象を挙げることができるが、つまりブームというものは、そういうものなのだろう。景気の後退もあった。一冬にどれくらいの金額をスキーに費やしたかを若者が自慢しあえる時代ではなくなったのである。

それでもスキー場直結の駅は残された。もちろん、利用者が少なくなったからといって、この巨大な駅施設が廃止となることもないのだろうが、事業者の目論見が、目論見通りではなくなったことも事実であった。

スキー場が閉鎖されている季節のこの駅は、本来の役割である保線基地のみの存在となる。基地への1・8㎞の引込線が延びる谷は豊かな緑を湛えるが、もちろん冬の華やかさはない。似たような線形をした駅にJR九州の博多南駅があり、こちらは新幹線電車が走る線路の両脇がマンション、住宅で埋め尽くされているのとは対照的だ。博多南線は、地元からの要望によって旅客営業を開始したが、ガーラ湯沢駅は、駅名に「湯沢」という地名が追加されたことが地元からの要望であったといわれていても、博多南線のように通勤の利用客がいるようには見受けられず、地元との繋がりは希薄なままとなっているようだ。

もとより保線基地を転用して旅客営業を開始した路線であるから、この短い路線の果たすべき役割について、目を三角にして論議する必要はないのかもしれないが、ゲレンデの入口に作られた大伽藍や、ゲレンデの整備までを勘案するならば、やはり相応の投資がなされていることは間違いのないところで、それではこの巨大プロジェクトが、果たすべき目的、上げるべき数字をどこまで達成したのかは皆目見当がつかず、これからの姿についても不明瞭なままである。現代が、後のことを考えない巨大プロジェクトがまかり通る時代でないとするならば、いま一度、地域との融合、共生を考えてみても良いはずだ。

作家の吉村昭は、越後湯沢に別荘を求めた。この地が選ばれた理由は多くは語られていないが、奥様の推奨を受けて、半ば突発的に物件を探したようであるから、この地の環境が魅力的なものと映っていたことは間違いがない。そして、東京から適当な距離にあるこの地で吉村は必ず2泊3日を過ごし、時にはここで短い文章も書いている。

このような生き方も、現代においてもっと推奨されて良いライフスタイルではないだろうか。何も別荘だからといって、そこに絶景や、珍味が揃っている必要はなく、タワーマンションからの夜景とて、3晩も見ていれば飽きるというのが人間なのだから、必要なのは忙しい日常とは異なる空間が用意されているということである。吉村は湯沢に住まう人々の人情を、この地の魅力に挙げている。

つまり大切なことは、どの土地にも必ず備わっているそれぞれの魅力を、どのようにして見付け出し、どのように磨き上げてゆくか、ということなのだろう。ガーラ湯沢駅が、この地に数多く存在しているタワーマンションの空き部屋と同じ姿になってしまわないように。

平岩

JR西日本大糸線

1957(昭和32)年8月15日開業

大糸線の非電化区間にある無人駅。
地域住民の駅長就任で注目されたが、
今は鉄道自体が廃線の危機に瀕している。

臨時列車の運転も今は昔

中学、高校の時から地理を得意としていた鉄道ファンは多いはずである。何しろ家に帰れば時刻表ばかり見ているのだから、全国の鉄道地図は概ね暗記され、ローカル線の終点の駅の名前であるとか、特急列車の運転区間などの知識は教師よりも豊富である。これに鉄道趣味書の情報が加われば、各路線の線路の幅も暗記の項目となる。身につく情報は日ごとに増え、その完成形が現在である。これはまあ、良しとしなければいけない。

地理の授業で教えられ、その語感の良さからか、忘れ得ぬ言葉となっているのがフォッサマグナだ。日本の東西を左右に分けるというこの地溝帯は、実は関東平野までもを呑み込む広大なもので、東西を左右に分ける境界線という意味合いで使うのであれば、糸魚川静岡構造線という言葉の方がよりふさわしい。この構造線も地図で確認すると非常に明確で、糸魚川から大糸線に沿う形でまっすぐ南下し、諏訪を経て、身延線のやや西寄りを南下して静岡市に至る。この活断層は地盤を不安定にし、ところどころに大きな地溝帯を形成している。確かに大糸線を旅していると、両側の車窓に高い山が連なっていて、線路が敷かれている細長い平地が、谷の底となっていることを理解できる。

現在の大糸線は、南小谷駅を境界として、その北と南ではっきりと性格が異なっている。南小谷駅と松本駅の間はＪＲ東日本が管轄し、電化されている。これもやはり運転本数が減少しているが、首都圏発着の特急が乗り入れ、観光路線としての色合いも濃い。

一方の糸魚川駅と南小谷駅の間はＪＲ西日本が管

轄し、非電化となっている。姫川が刻んだ渓谷に沿って敷設された線路の上を気動車が走り、優等列車の設定はなく、関西発着のスキー列車が多数乗り入れ、冬の彩りとなっていた時代もあったが、これは新幹線とバス輸送にとって代わられ、スキーブームも下火になってしまった。今や限られた本数の普通列車が走るのみのローカル線といった趣きである。

平岩駅はこの非電化区間にある駅だ。駅が開業したのは意外と遅い1957（昭和32）年8月15日のことで、これは大糸北線、大糸南線の名で、北と南から建設工事が進められていた大糸線が全通した日でもある。最後まで残されていた区間は中土駅と小滝駅の間17・7㎞で、この区間がいわば大糸線の最深部ということになり、平岩駅もこの区間にある。

鉄道の廃止を噂させる臨時バスの増発

平岩駅は2002（平成14）年3月23日から無人駅となった。駅の無人化は淋しい限りだが、これは現在の趨勢からすればやむを得ないところで、むしろこの駅の無人化は遅い方と言えるのかもしれない。同年の6月には「街の駅長」が誕生した。これは地元住民が、無人となった駅の管理を担当するシステムで、この時は平岩簡易郵便局に勤務する地元の人が駅長を務めている。

これは駅の無人化が進む今日では注目したいシステムで、同様の委託制度はこれまでにも全国で行われているが、地方の駅の無人化が進むのであれば、このシステムをさらに押し上げてみても良い。恐らく現代の鉄道は、もう新しいシステム作りをしなければいけない時期に来ている。例えば津軽鉄道の芦野公園駅には、駅に喫茶店が併設され、乗車券の販売も行っている。乗客は寒いホームで列車を待つ必要はなく、軽食を摂ることもできる。糸魚川駅には鉄道のミニ博物館があって、この施設にある鉄道模型の運転に夢中になり、列車に乗り遅れた乗客がいたという事例も報告されており、こうなれば万々歳である。併設する施設すべてを物販の施設にする必要はなく、宅配便の発送所でも、役場の支所や、郵便局でも、あるいはお寺でも良い。要は人が集う拠点を作るということである。そのためには鉄道会社が門戸を開放し、地域との情報共有を厭わないことである。そう考えていかなければ、人が集うのは、国道沿いのショッピングセンターばかりになる。鉄道会社も地域住民も利益を得られる（それは金銭的な利益でなくても良い）システムを考え出せればよく、ボランティアに頼っていては、いずれ必ず息切れする。

しかし、現在の平岩駅、あるいは大糸線が直面している問題は、この路線に廃線を視野に入れた動きが胎動していることである。２０２４年６月から２０２５年３月までの間、大糸線の白馬駅と糸魚川駅の間で４往復の臨時バスが運行され、この増発は、将来の大糸線南小谷駅以北の区間の廃止を視野に入れたものと報道されている。

まだ全国で夜行列車が運転されていた時代には、夜行列車で松本駅を経由して南小谷駅まで走り、そこから糸魚川駅に向かえば、信越本線を経由するよりも早く、首都圏から北陸地方に到達できた。夜行列車がなく、何よりも大糸線がなくなってしまったら、この裏技も使うことができなくなる。鉄道会社が自らの手で、鉄道の魅力をそぎ落し続けている。昔から学び続けてきた知識が不要になり続けている。

船町

JR東海飯田線

1927(昭和2)年6月1日開業

豊橋駅と辰野駅を結ぶ飯田線の、豊橋駅の隣に設置されている駅。
名古屋鉄道と線路が共有されていることから同社の列車が通過し、
飯田線の列車も一部が通過する。

鉄道建設ブームで立ち上げられた会社が建設した駅

船町駅である。飯田線の豊橋の次の駅。豊橋駅からは1・5㎞の距離にあるから、駅が設けられるのにふさわしい距離があるのだが、駅の規模は小さく、ホームも狭い。そして、飯田線の一部の列車はこの駅を通過する。そして、この駅を通過するもっと多くの列車があって、それは名古屋鉄道の列車である。私鉄の電車が通過するJRの駅というのも妙な図式ではあるが、実は豊橋駅から平井信号場までの間はJRと名古屋鉄道が、複線の線路を共有していて、下り線をJRが、上り線を名古屋鉄道が所有している。したがって複線の線路の上を両社の列車が走るが、駅はあくまでもJRの駅であるので、名古屋鉄道の列車は通過する。そして、運転本数が少ない飯田線も、先に記したように一部の列車が通過するので、この駅は、まるで列車が通過するために存在しているかのような、不思議な様相を呈しているのである。

この駅は私鉄の手によって作られた。それは言うまでもなく、現在の飯田線を建設した鉄道会社で、豊橋駅と大海駅の間を手掛けたのは豊川鉄道である。会社が設立されたのは1896（明治29）年2月1日。現在の東海道本線が全通したのが1889（明治22）年のことであるから、かなり早い時期で会社が立ち上げられたことになる。

明治の日本には2回の鉄道建設ブームがあった。1回めは1884（明治17）年から1886（明治19）年にかけてのことで、まず上野から高崎を目指して建設が始められた日本鉄道の成功が高配当を実現し、次に1896（明治29）年から1898（明治31）年にかけて2度めのブームが起こり、これは日清戦争終結後の好景気に触発されたものだった。相次いだ私設鉄道建設の出願に驚いた国は、全国の鉄道を国によって建設すべく1892（明治25）年には鉄道敷設法を公布して、全国の幹線鉄道を国有鉄道として建設する方針を定めるが、豊川鉄道の設立は、この2度めの鉄道ブームの中のものであった。この2度目のブームにおいては全国で、小規模の鉄道が相次いで設立されているが、もしもこのブームが起こらなければ、日本の鉄道の姿は現在のものとは大きく異なっていたかもしれない。当時の鉄道とは、それだけ実業家にとっても莫大な利益を生む産業と目されていたわけで、もしも、この頃のようなブームが現代に起こったら、私たちファンはどれほど楽しいことだろう。少しだけでも、夢が果たされるのを見てみたいものだが。

駅の施設が昔の規格のままの小さな駅

船町駅を通過する線路がJRと名古屋鉄道の共有になっているのは、豊川鉄道と名古屋鉄道が交わした協約によるものという。豊川鉄道が国有鉄道に編入されたことから、その取り決めが現代にまで生き続けているということになるが、つまりはJRにとっても、現状の維持に差支えがないことから手つかずになっているのだろう。

昔の姿がそのまま変わらないというのは、この駅の極端に狭いホームや、駅舎とホームを結ぶ狭い地下通路、さらには駅に隣接する狭い公道上の地下通路もあって、このトンネルは高さ1800㎜であるといい、背の高い人であれば、背をかがめなければ通ることができない。そんな昔の規格がそのまま残されていることも、現状を改良する必要がなかった、この駅の性格が滲んでいるようだ。

この駅の脇には錆びた線路が駅に隣接する地平部分に残されていて、こちらは貨物用線路の跡。この施設は1998（平成10）年に廃止されて、現在は豊橋オフロードステーションとなり、自動車を利用したコンテナ輸送の拠点として使用されている。いわば新しい施設が、時代の波から取り残されて形を変えてしまったという皮肉な現象が露呈した形となっているが、それが産業というものなのだろう。構造物はともかく、人の手によって動かされる組織は、常にニーズを求めて動き、ニーズに沿って変貌を続けない限りは、生き残ることができない。

飯田線にはこのほかにも普通列車が通過する駅が幾つかあって、当駅の辰野駅寄りに隣接する下地駅も同様の境遇にある。この駅を通過する線路は、やはりJRと名古屋駅が共有し、名古屋鉄道の列車が通過してゆく不思議な光景をみることができる。一部の列車が通過することから、下地駅の停車する列車も、船町駅と同様に30分に1本という割合で、両駅が都市部にあることを思えばずいぶんと少ないようにも思えるが、要はこれで用が足りているということである。下地駅も船町駅と同様に無人駅となっているが、こちらは駅舎が建て替えられて、明るい雰囲気になっている。2つの駅が廃止の危機に瀕しているわけではないが、下地駅が改修されたように、どんな小さな駅であれ、そこを明るい雰囲気に仕立てるのは、鉄道事業者にとっての責務だろう。鉄道事業者が投げやりな姿勢を見せたなら、それはすぐに利用者に伝播する。小さな駅をデコレーション、イルミネーションなどで飾り、乗客を楽しませている私鉄は多い。JRもこれに負けないように。同じ民営鉄道の会社なのだから。

東名古屋港

名古屋鉄道築港線

1924(大正13)年1月15日開業

大都会の片隅に残る盲腸線の終着駅。
駅員配置はなく、改札を隣駅に委ねる合理的なスタイルだが、
企業の胸先三寸で存在意義が失われてしまう可能性がなくはない。

工場街にも盲腸線は残る

ふと気になって盲腸とは何だろうとググってみたら、ウィキペディアには「回盲弁より下方に伸び結腸へとつながる器官」とあった。この説明でもよく解らないが、ともかく、短いが行き止まりではない器官なのである。それでは、「盲腸炎」の起こる場所として存在が知られているあの短い部分は何かというと、それは虫垂で、そういえばあの病の正しい呼び名は虫垂炎だった。とはいえ、今さら全国に残る短い行き止まりの路線を「虫垂線」に変えることもできないだろう。訳が解らなくなる。

鉄道ファンには虫垂炎よりももっとお馴染みの盲腸線は、かつては全国の至るところにあって、それはそれで存在感を発揮していた。そもそもが、何故この路線が必要なのかが謎で、その多くは「三日月湖」のような、訳あって残された遺物であることが多いのだが、それでも、そんな路線があって稼働し続けていることも、確かに鉄道の魅力、鉄道旅行の楽しみになっていたのである。

その盲腸線も、今はずいぶんと数が減った。もちろん、大都会の地下に張り巡らされた地下鉄であれ、終着駅が他線と連絡していなければ、それは盲腸線に数えられる形態ではあるが、山の中の、列車が発車してしまうと何も音が聞こえなくなるような、そんな終着駅がある行き止まりの路線を、盲腸線と呼んでみたい。あるいは大都会の片隅の工場街の中に残っている盲腸線も多い。

東京近郊でいえば、ＪＲ鶴見線が「怒涛の盲腸線３連発」と呼びたくなる線形をしており、この近隣にある京浜急行大師線、空港線なども盲腸線である。空港線は、今や品川に替わる京浜急行のターミナル駅という位置づけを掌中に収めつつあるが、路線の大改良が行われる前の、「何故この駅が空港を名乗るのか?」というのどかな時代も、今では懐かしい。タイムスリップしてあの時代のあの駅に戻ることができたなら、きっと駅の近くで、トンボやダボハゼが獲れることだろう。

名古屋市港区にある、名鉄築港線の終点東名古屋港駅も、工場街の中を延びる盲腸線の終点にある小さな駅だ。この駅は無人駅で、隣の大江駅から分岐した線路を1・5km走ればそこが終点。そんな条件だから改札口は大江駅に設けられていて、東名古屋港駅に改札はなく、ホームに自由に出入りできる。同様の構造の駅は各地にあって、合理的なやり方に違いないのだが、この駅がどんな駅なのだろうと、初めての来訪に期待を抱いていると、少し拍子抜けする。そういえば、これも遠い昔には、全国で盲腸線の終着駅を訪ね、短い列車の折り返し時間に、全速力を出して入場券を買い求めるというイベントもあった。その情景も今は昔ということになる。

変わり身を不得手とする鉄道という輸送システム

工場街に建設された多くの鉄道と同じように、名鉄築港線も貨物輸送を視野に入れて建設された路線で、かつては東名古屋港駅から多方面に引込線が敷設されていた。東名古屋港を名乗る駅も、いまよりもさらに海寄りに作られていて、そこは貨物駅だった。そして現在の東名古屋港駅が旅客駅とされ、駅名は東名古屋港東口を名乗っている。初代東名古屋港駅が用途廃止となったのは1990(平成2)年11月のことで、同時に築港線の営業キロも0・4km短縮されている。

現在の築港線は、朝の7時台、8時台の運転が終了すると、次の列車が運転されるのは16時台となり、休日は東名古屋港発16時26分の大江駅で終車となる。つまり、駅近隣の工場、オフィスへの通勤客輸送に特化した運転が行われているわけだ。東名古屋港駅から大江駅までは徒歩20分で、さらに駅前に発着するバスを利用すれば、名古屋市の中核部にある金山駅、神宮前駅には鉄道利用よりも早く到達できるのが実情だから、旅客列車の存在価値が希薄になりつつあるのが本当のところで、だからこその改札の廃止などの合理化が進められているのだろう。

もとより、これだけの運転本数で捌ける輸送需要なのだから、企業の側が専用バスを運行するようなことがあればさらに路線の存在価値が低下し、駅が廃止になる可能性も無くはない。自動化の推進による工場の人員削減や、オフィスの統合などによる移転など、ネガティブな要素を数え出すときりがないが、ポジティブな要素は探し出すのが難しい。この駅と大江駅の間には、日本の鉄道では珍しい90度の角度で線路が交差する平面交差があり、これは名古屋臨海鉄道東築線の線路が交差するものであるが、列車の運転本数が減少すれば、この施設がファンから注目される機会も少なくなる。小さなスポットではあるが、これも淋しい話ではある。

社会全体のニーズの変化に合わせて、常時姿を変え続けなければいけないのが組織、施設なのだろうが、鉄道という巨大なインフラを用いて運行するシステムは、変わり身を不得手とする。工場街に残った小さな終着駅にも、現代という時代における鉄道の位置づけが透けて見えるようだ。このような路線がかつての隆盛を取り戻せる方策が見つけ出されるようなことがあれば、素晴らしいことなのだが。

和田岬

JR西日本和田岬線

1890(明治23)年7月8日開業

明治の私鉄が建設した貨物支線をルーツとする延長2.2㎞の路線の終着駅。
短いながら安定した成績を残してきた路線だが、
今はまた路線の存在意義が問われている。

ユニークな車両が2001年まで運転されていた和田岬線

兵庫駅と和田岬駅を結ぶ和田岬線の終点。和田岬線では、比較的近年まで、と言っても1990（平成2）年の9月30日までのことだけれども、客車列車が運転されていた。この客車はオハ64形、オハフ64形を名乗り、下り列車であれば右側の側面にしか側扉が設けられていない特異な形態をしていた。それはこの線の2駅のホームが同一の側にしか作られていなかったためで、和田岬線で使用される客車は、他の線区で運用に就くことはなかったから、片側のドアの撤去は合理的な方策であった。非電化であったゆえにDE10形がけん引した和田岬線の客車列車は、JRで運転される最後の旧型客車の列車として注目されたが、前記のように1990（平成2）年に廃止となる。しかし、この客車列車の代替として投入された気動車であるキハ35形、キクハ35形300番代も、やはり改造によって客用側扉が片側のみとされた車両だったから、先代の意匠が引き継がれたことになり、片側のドアの撤去は、和田岬線では使いやすいスタイルだったのだろう。2001（平成13）年7月1日には、ようやくのことでこの路線も電化され、同時に投入された103系以降の電車は、両側にドアのあるノーマルスタイルのものとなっている。恐らくは保守作業の省力化を図っての改造だったのだろうが、わざわざ改造工事まで行うのだから楽しい。日本の鉄道は、やはり今よりも昔の方が、路線ごとの個性が強烈で楽しかったようだ。効率化という言葉と、没個性という言葉は、時に同義語となるようである。

和田岬線が開業したのは古く1890（明治23）

年のことで、明治の私鉄・山陽鉄道が貨物支線として開業した。起点は兵庫駅、終点は和田岬町駅で、和田岬町駅が現在の和田岬駅である。つまり、和田岬線は開業以来135年に渡って、基本的な駅の場所、線形は変わっていないということになる。今では地元の人でさえ、見向きもしないようなこの路線が、実は明治中期から変わらない形であることは特筆すべきことなのかもしれない。

それでは路線名、駅名にもなった和田岬はどこにあるのかというと、和田岬駅から南東方向に1・5㎞ほど離れた所にある。神戸港の南西端にある岬で、港湾施設の整備が進んだ今日では海を四角く区切られた一画のわずかな出っ張りのようにも見え、今は三菱重工業の敷地内となっているから現地に立ち入ることもできないが、この小さな岬が風と波を防いだことで、神戸港が発展したという。明治期までの鉄道は海運との連携が大量輸送のための至上命題となっていたから、わずか2㎞あまりの貨物支線であっても、存在意義は大きかったはずで、建設が急がれたことも頷ける。

果たして鉄道は歩行者の邪魔をしているのか

それでは何故、この短い路線にユニークな車両が運転されていたのかというと、それは三菱重工を始めとする和田岬駅周辺に建つ工場への通勤客輸送のためであった。殊に客車列車の時代には、客用側扉が自動では閉まらないことから、客車のデッキから半身がはみ出すような形になっていた乗客もいて、それでもわずかな時間の乗車であったから、乗客は移動できればことが済み、事故が起こることもなかった。それこそが古き良き時代の風景なのだろう。近年の、いささかヒステリックなまでに規制の度を強め、ホームに乗客が溢れようものなら、「安全の確認ができません」と、誰の安全を守ろうとしているのか解らない、罵声にも似たアナウンスが流れる駅の情景とは大違いである。

この毎日がお祭りだったような路線の姿も近年になって大きく変わった。和田岬には神戸市営地下鉄の駅も開設されて大阪、神戸の都心部からの新しいルートとなり、町の風景もずいぶんと綺麗なものになった。一つ残念なのは、小さいながらも存在感のあったJR和田岬駅の駅舎が撤去されたことで、単式ホーム1本のみで駅舎もない現在の駅の姿は、これが機能性を求めた結果によるものであるにしても、鉄道会社が自らの手で尊厳をかなぐり捨てたようにも見える。古い時代の鉄道が、なぜあそこまで立派な駅舎を建て続けたのかといえば、それは産業の神格化のためであり、そこには鉄道に従事する者の誇りも宿っていた。

今も和田岬線は、朝夕の通勤列車が6両編成で運転されているように、相応の需要があり、経営面でも黒字を計上しているという。ところがこの路線を廃止したいという声が挙がった。それは鉄道事業者によるものではなく、沿線自治体である神戸市からのもので、「鉄道の存在が船舶の運航や、歩行者が回遊できるルートを阻害している」というのがその理由である。

「政治家の言葉は重い」と口にしながら、舌の根も乾かぬうちに前言を撤回するのが為政者の常套手段なので、今はこれからの動向を注視しておきたい。その言い分は支持されるかもしれないし、されないかもしれない。ただ、明治中期から長くこの地域で輸送を続け、シンボル的存在ともなってきた鉄道が、歩行者の邪魔をしているようには見えない。

備後落合

JR西日本芸備線・木次線

1935(昭和10)年12月20日開業

JR芸備線と木次線が分岐する広島県山中の駅。
鉄道の黄金時代には、この駅に夜行列車が停車した時代もあったが、
今は両線ともが、存続の危機に瀕している。

素晴らしかった鉄道黄金時代の情景

鉄道ファンとは、ある部分ではとても扱いやすく、ある部分ではとても扱いにくい人種である。彼ら、彼女らの美意識、価値観は常人には理解できないもので、なぜならその尺度は、膨大ともいえる長い経験が、狭く深い洞窟の中で培われて完成したものだからである。その車両が速いから、大きいから、きれいに塗られているからというのは評価の対象にはならず、しかし、汽笛が他と違って斜めに取り付けられていたのなら、それは夜を徹しての議論の対象となる。東京の新橋駅前には、ここがわが国の鉄道発祥の地であることにちなんで、C11形蒸気機関車が静態保存されているが、あの場所へのあの形式の設置は、望ましいものとは言い難い。その理由は本書の読者には説明しない。ページがもったいない。

そういう難しい人種ではあるが、ひとたびどこかに珍しい車両がいたのなら、そこはたちまちのうちに聖地、憧れの場所となる。注視の対象は車両とは限らないが、そこに名所・旧跡があるか、何を食べることができるのかなどは、まったく問題とならない。だから扱いやすいともいえる。扱う方にも年季がいるというだけの話である。

芸備線と木次線が分岐する、広島県の東の端にある備後落合駅も、かつては多くの鉄道ファンを引き寄せる聖地となっていた。それは昭和40年代までのことで、中国山地の中にあるこの駅には、芸備線で働く蒸気機関車と、木次線で働く蒸気機関車を見ることができたからである。国鉄蒸気機関車の晩年であれば、芸備線ではC58形とD51形が働き、木次線にはC56形が働いていた。規格の低い路線で、比較的長距離の運用に充当されるべく開発されたC56形は、C58形やD51形ほどの汎用性は備わっていなかったことから、淘汰は比較的早く、運転されている路線も限られていて、この形式を見ることができる備後落合駅は、ファンが訪れるべき場所となっていたのである。

中国山地を南北に貫く木次線は、陰陽連絡、すなわち山陽地方と山陰地方を結ぶことを目的に建設された。中国山地の核心部に設けられた三井野原駅は標高727mの所にあり、現在のJR西日本管内で最高である。東日本の山地に比べれば、おっとりした山容の中国山地ではあるが、さすがにこの標高に駅があるとなれば、これを山岳路線に数えても良いのだろう。この隣駅となる出雲坂根には三段式のスイッチバックがあって、これも木次線のシンボル的存在となっている。

そんな山のローカル線にも夜行列車が運転されていた時代があった。米子と広島を結んでいた急行「ちどり」に夜行便が設定されていたのである。1968（昭和43）年10月の時刻表を見ると、614D「ちどり3号」は備後落合駅を1時8分に発車し、615D「ちどり4号」は備後落合駅を2時19分に発車する。この列車の利用客のために、同駅の駅前の旅館では発車を待つ乗客が仮眠を取れるよう塩梅したというが、深夜に列車が発着する山間の小さな分岐駅の情景はいかばかりだったろう。今はもううかがい知ることのできない、古き良き鉄道の情景である。

そんな備後落合駅も、今日では存亡の危機に瀕している。芸備線も、木次線も過疎化により利用客の減少で廃止が取り沙汰されるようになったのである。利用客が減少すれば、鉄道は減便を余儀なくされる。殊に民営会社としてのＪＲが発足して以降は、採算性を理由としての、合理化という名のサービスの低下が容易に行われるようになった。国鉄が健在だった時代には、この組織もずいぶんとぶっきらぼうな側面は有していたが、こと人と物を運ぶという一点においては、曇りの無い使命感を感じさせてくれることが多々あり、組合運動に左右されることがあっても、国民の信頼は得ていたのである。

いま、備後落合駅を訪ねてみると、かつて蒸気機関車が蒸気を上げていた駐泊所や転車台は雑草に埋もれ、駅前にあった旅館や、国鉄の購買部（国鉄が運営する売店）は、建物の基礎のコンクリートの部分が残るのみとなっている。この情景から、かつての隆盛が蘇る日が訪れることを想像するのは難しい。

新幹線や特急列車、あるいは高速バスを利用して拠点間を短時間のうちに移動できる現代の旅と、夜行列車で何時間もかけて山を越えた昔日の旅と、どちらが楽しいものなのか。その答えは人それぞれであるのかもしれないし、解り切っているのかもしれない。

もちろん、鉄道が存在する第一義は、利用客に旅情を与えることではないから、沿線に住まう人たちにとっては、文字通りの死活問題ということになるのだが、今はもう沿線で廃止に反対する運動が起こることも稀であるようだ。

国鉄の末期から長く続いてきた鉄道の廃止を、日本国民は見させられ続け、そして疲れてしまったのかもしれない。地方に住まう人々の自家用車の所有率の高さが報じられることもなくなった。

つまりこれが、令和の鉄道情景なのだろう。こんな時代が将来懐かしく思い出されることがあるのか。それは今は分からない。

津島ノ宮

JR四国予讃線

1927(昭和2)年6月1日開業

毎年8月4日と5日の2日間だけ営業が行われる臨時駅。
その特異さがすっかり知られるようになり、当日の賑わいは相当なものとなる。
今や営業成績などとは無縁の存在だ。

神社の夏季大祭に合わせて夏の2日だけ営業が行われる臨時駅

年に2日だけ営業する臨時駅として、すっかり有名になった駅。1日の平均乗降客数は10名未満というデータが算出されたことがあるが、これは年間の利用者数を365で割ったもので、駅が営業を行う2日間に限っていえば3000人以上の人が利用していることになるから、これは秘境駅ではない。コロナ禍が起こる前は2日間で1万人以上の人がこの駅を利用しており、夏の2日に限っていえば、都会の駅顔負けである。

駅が開かれるのは毎年8月4日と5日の2日間。駅に隣接する海岸線に建つ津嶋神社は1706（宝永3）年に本殿が造営されたと伝えられ、江戸時代には子供の守り神として全国にその名が知られるようになった。毎年、旧暦の6月24日、25日には大祭が行われるようになったが、1970（昭和45）年からはこれを夏休み時期の8月4日、5日に変更して、今日に至っている。この2日だけは神社の本殿が建つ津島に延長245mの橋が架けられ、全国から訪れた参拝客が長い列を作り、歩いて橋を渡る。

津島ノ宮駅が開設されたのは1915（大正4）年5月7日のことで、当初は津島ノ宮仮乗降場を名乗った。あくまでも仮乗降場としての開業であったが、この時代には、津嶋神社の名が知れ渡り、相応の集客が見込める存在になっていたということだろう。そして、津島ノ宮駅は開設から100年を経た後の今も、昔とさして変わらない姿で営業を続けていることになる。

1日の営業が2日間だけなのだから、例えその日に多くの人が集まったとしても、維持や、運営のための準備、撤収の手間を勘案するのであれば、大きな利益が生まれるとも思えないのだが、この駅を廃止するという話はなく、さりとて通年営業になることもないのだから、これはもう文化の問題となる。津嶋神社にしても行事が行われるのは夏季例大祭の2日間だけではなく、節分祭もあれば、新年祭もある。それでも駅が開かれるのは2日間だけである。

ある会社の社長が、新年の縁起物を受け取るために奥様を連れて神社に赴いた。あまりにも待ち時間が長いと感じたので、自身の経営のノウハウを活かし、「先に番号を受け付けておいて、後から品物を渡せば良いじゃないか」と奥様に愚痴ったところ、奥様が「そんなもの有難くありません」と応えたと、これは自身のブログに綴った。すべからく、神事というものは多少手間をかけて行った方が、信者を安心させられるようである。

やはり切り離すことができない宗教と鉄道

かくして、バスが営業認可を取り消されないために、わずかな便数を運転し続けているような、津島ノ宮駅の短期営業は続けられている。けれども、それもまた利用者の鉄道の健全な関係であるのだろう。

思えば宗教と鉄道というものも深い関わりがあり、日本の鉄道の伸長期には、高名な寺社・仏閣を目指して鉄道が建設された。今は日本を代表する私鉄となった京浜急行は川崎大師への参拝客輸送を目的に敷設された営業距離2㎞の大師電気鉄道を前身とし、全国にその名を知られた金刀比羅宮には、3本の鉄道が路線を延ばしてシェアを争った。近世までの人々にとって、自社・仏閣への参拝は、日々の暮らしに大切な宗教的行事であったと同時にレクリエーションの旅という側面も有していたから、有名なお寺、お宮は、今日におけるテーマパークのような存在となっていたはずである。お遍路の旅はスランプラリーである。お参りの長旅を終えた弥次さん喜多さんは、長屋の隣人に旅の思い出を、多少の誇張と自慢を交えて吹聴したに違いなく、すると今度は八っつぁん熊さんが旅に出たいと考えるようになる。こうして「一度はお伊勢参り」という憧れが生まれ、旅の文化が発展し、近代以降には、鉄道の発達に寄与することになった。

そして、全国には今もなお、お寺や神社の名を冠している駅も多い。それらの中には、駅前にお寺が建っているものもあれば、肝心の寺社・仏閣は姿を消してしまっているものもあって、その中身は千差万別である。それでもこの駅名が近代的なものへと変更されないのは、やはり宗教的な施設が人の心の拠り所となっているからだろう。そしてそれは何代にも渡って地域の人と寄り添ってきたものである。新興宗教ではこうは行かず、鉄道もお寺も、共に長い年月を過ごしてきた間柄があってのものということになる。

実はこれこそが、鉄道と利用者との間の理想的な姿であるのかもしれない。つまりお互いが相手のことを信じ切る深い信頼で結ばれているということである。目先の数字に囚われて、サービスの制度を小賢しく変え続けるやり方は、そもそもが鉄道には似合わないのではないだろうか。雨の日も、雪の日も、列車は必ず同じ時間にやって来るから信頼されたのである。

津島ノ宮駅は開設されてから長い年月が経っているが、恐らくこれからも、今までと同じようにあまり便利ではない使い方をされ続けるはずである。そこに私たちが誇りに思って良い、伝統と文化がある。

清和学園前

とさでん交通後免線

1985（昭和60）年9月10日開業

路面電車の停留場にも、存続の価値を問われることになる例がある。
停留場を設置する契機となった学校が近い将来の廃校を決定した。
また駅の数が減るのかもしれない。

機敏な返信も肝要な現代の都市交通

シカゴの地下鉄には何とも不思議な構造の駅があって、シカゴの中心部を南北に走るレッドラインの「ジャクソン駅」と「モンロー駅」はホームが一つに繋がっている。日本の地下鉄でも、例えば東京地下鉄の永田町駅と赤坂見附駅のように、別々の駅が通路で繋がれている例は数多いが、シカゴの両駅は、ホームが延長されて隣の駅に達している。こうなると、どこまでがジャクソン氏で、どこからがモンロー氏なのかを判断するのが難しくなるのだが、地下鉄の列車は当たり前のように両方の駅に停車する。考えてみれば、このスタイルは便利でこそあれ、利用者が困ることは何もなく、その気になれば、隣の駅まで歩いてゆくことができ、長い長いホームはストリートミュージシャンの発表の場ともなっている。サックスの音色はトンネル内に切なく響き、ここが異国であることを思い知らされるのだが、この地に住む人たちにとっては、これが当たり前の日常、毎日の暮らしに欠かすことのできないBGMになっているに違いない。

都市に作られた交通機関は、需要に応じて自由に形態を変えられることが望ましく、シカゴの不思議な駅も、ニーズに応えるために姿を変えたはずである。鉄道は、その構造ゆえに改良工事を施すのが困難になることがあるが、工事が利用者のためであるならば、鉄道事業者が逡巡する必要はなく、近畿日本鉄道は台風の到来を契機として長大な路線の改軌工事を決断した。大切なのは事業者が利用者目線を持ち続けることで、それは何も難しいことではない。鉄道会社の社員が鉄道を利用すれば解ることなのだから。

いま、全国の鉄道に、スタイルの見直しを求められている駅は数多い。その多くは利用者の減少にどう対応するか、あるいは鉄道事業者のスタッフの不足をどう補うのかというものがほとんどであるが、まだ特効薬は見つかっていないようである。駅の廃止や、人員の削減が、これまでに採られている方策のほとんどだが、これらは利便性の低下と、安全性の低下という致命的な失速を招く可能性が高く、早道ばかりを選択しようとする現在のやり方が禍根とならないことを願うばかりである。

学校の廃校で、存在意義を失う停留場

南国・土佐を走るとさでん交通で、今、存続の分岐点にあるのが、清和学園前停留場だ。隣の一条橋停留場との距離は63mといわれ、これは日本一駅間距離の短い駅と紹介されることもある。路面電車の停留場だから通常の駅よりも短い駅間距離で設置されるのは当然としても、やはりこの距離は相当に短い。電車3両分、新幹線電車なら2両とちょっとという距離だから、新幹線で自由席を求めてこれよりも長い距離を歩くことなど、ザラである。

開設されたのは、1985（昭和60）年9月のことで、清和女子中学校・高等学校が当地へ移転してきたことから、学生の便宜を図って停留場が置かれた。しかし、その学校が2026年度末をもって廃校となることが決定したのである。これも少子化の影響ということになるが、学校一つが消えてしまうのだから淋しい話である。

駅が廃止になってしまう理由はいろいろあるが、学校の廃止に伴うものはさすがに少なく、わずかに名古屋鉄道広見線の学校前駅が、可児市立広見小学校の移転と共に廃止された例が報告されているくら

いで、これも廃校ではなく移転であり、やはり2005（平成17）年1月の廃止と、現代の出来事となっている。

学校が移転することは珍しいことではなく、例えば東急電鉄の学芸大学駅や都立大学駅も、駅の近隣から学校は移転してしまったが、住民の要望を採り入れて駅名は変更されなかった。もとよりどちらも人口の多い場所に設置された駅であったから、学校の移転は駅の存続に関わる問題とはならなかったのである。

ただ、施設の移転が営業成績に直結し、駅の在り方が問われる例というものは、枚数にいとまがない。例えば病院の移転がある。元々病院という施設も利便性の高い場所に建設されるものだが、施設が手狭になったことで、駅前から移転することは多く、移転先が丘の上となることもある。近年はオフィスにしても移転を余儀なくされることがあり、それは立地よりもインフラにあり、高速の通信環境の増設ができない古い構造のビルの入居者が減る傾向が続いている。これも時代のニーズということになるのだが、ビルにしても建て替えは大事業となるから、駅の移設と同様以上に、ビルのオーナーにとっては悩ましい問題となる。もっとも、これも駅の存続に関わる問題とはならないかもしれない。

高知の清和学園の廃校は決定し、これから急に人口が流入する可能性も低いだろうから、とさでん交通は停留所の処遇を決定しなければならないが、隣の停留所との距離を考えるならば廃止を選ぶのが自然で、これは何も文化の損失だなどと騒ぐ話でもない。地元と協議して最終決定がなされることだろう。

決定事項の発信が知性を感じさせるものであるならば、多くの利用者がそれを支持するはずだ。

大行司

JR九州日田彦山線BRT

1946（昭和21）年9月20日開業

豪雨による不通が続いたことからBRTへの転換が図られた日田彦山線。
しかし、BRT、あるいはバス輸送にしても運営の厳しさが増している。
これからの指針はどこに？

混迷を続ける地方の交通政策

地方の町に出かけ、都会とは比べ物にならない自家用車の多さに驚いた人は少なくないはずだ。町の人口は少ないはずなのに、駅前に延びる道には車が溢れ、広くはない道を信号の無い場所で渡るのに一苦労させられることがある。人口が少ない、地方の町ほど、車への依存度が高くなっていることから起こる現象である。

これは無理からぬ話で、地方の公共交通機関は脆弱で、しかし道路の整備は間断なく続けられ、自家用車の販売価格はひと昔前よりずいぶん下がっているのだから、誰だって自家用車を利用したくなる。利用者が減ると、公共交通機関は減便を行い、これには人手不足という、近年になってにわかに湧き出た深刻な問題も関与している。過疎化が進む地方で新しい産業を立ち上げることは難しく、せいぜいが手工業によってマスプロでは作れない製品を作るくらい。抜本的な対策として、政府は少子化担当大臣を設置したが、これが功を奏したという話は聞かない。

鉄道会社は本分を忘れて路線の廃止を積極的に行うようになり、しかし利用者の立場としては、これを簡単には認めたくない。鉄道に限らず、ごり押しと泣き落としが四つ相撲を続けているのが現代の日本で、何しろ四つ相撲なのだから先に進まない。現代の社長の仕事が金の工面と事業の縮小ということであれば悲しい話だが、運輸業の世界は今はそればかりで、「社長になったら負け」という噂話にも、少し頷いてしまう。明日あたり、明るい話題が降って沸きますように。

近年の鉄道の衰退は、地方の輸送需要が、バスなどに比べれば格段に大きなランニングコストを要する鉄道に見合わないものとなっていることにも拠る。遠い昔には日本のかなり山の奥にも産業があって、それは主に第一次産業に属するものであったが、低価格の輸入品が出回るようになってほぼ壊滅した。廃止されたローカル線の駅の跡は無人の荒野となり、夢の跡さえないのだが、その場所の昭和中期の航空写真には、鉄道が敷設されたことが頷けるだけの規模を有した集落が写っている。私たちは今、悲しい時代に生きている。

鉄道の輸送力が過多というのであれば、これを是正しようという考えで生まれた交通機関の一つがBRTである。基本的な原理は、バス専用の道路を設けることでバスの定時運行を確保し、渋滞のない高速輸送を行うというものである。世界では1974（昭和49）年にブラジルに登場したものが初めてと言われ、日本でもすでに導入例がある。そして本項で採り上げる大行司も、今はBRTの駅となっている。

今こそ先を見越した行動への挑戦を

さて、この利便性に長けたシステムであるはずのBRTだが、登場当初は大いに注目されたものの、その後は普及するには至っていない。もとより経済基盤が弱い地域への導入なのだからイノベーションを巻き起こすことは難しいにしても、昭和30年代の鉄道がそうであったように、各地から続々と新しい情報が届いても良いころ合いである。しかし一向にその気配がないのは、この交通機関に真剣に向き合っている人間がいないせいなのかもしれない。為政者は、殊に近年の彼らは、身を切る改革など実はせず、良く言えば地域の安定した成長を、本音で言えば社会が何も変わらないことを望む傾向がある。BRTが導入されたならそれは実績となり、以後の成績は問題視しない。たとえそれが試算に見合った数字を出せなかったとしても、元々が赤字によって無くなった鉄道の代替なのだから、仕方がないと捉える。こうして地盤沈下が続く。

BRTが本領を発揮するのは、専用道が効力を見せた時で、それは人口過密地帯に直線的に新道を建設した際に最大限の力を発揮する。これがなければ普通のバスと何の変わりもない。日本の現状では地方ローカル線の代替としての運用だから、専用道を設けずとも、一般道を走れば済む話となり、駅の旧ホームを乗降場に転用してみてもそのメリットはほとんど無い。鉄道車両に合わせて作られた高いホームにわざわざ行かなければバスに乗れないのは愚の骨頂というべきで、運行事業者が何も学んでいないことを白状していることになる。

そして、鉄道に代わる交通機関の一番手となってきたバスでさえ、近年は運行が難しくなっているのが現状だ。北海道の士幌軌道バスは2025年4月1日から一部の便をデマンド化すると発表し、「150万円ほどの費用をかけて空気を運んでいる」のが実情であると説明した。バスが鉄道に比べれば小回りの効く乗り物だが、それとて立ちいかなくなっているのが、現代の地方交通である。

大行司駅はBRTの駅として再スタートを切っているが、新たなる活性化策を採り入れない限りは、これからも同じペースでの衰退が続く可能性が高い。

静岡県の大井川鐵道で蒸気機関車の動態保存運転を軌道に乗せた白井昭氏は、「何でも良い。何か一つのプロジェクトを成功させれば、そこから日本の鉄道の姿が変わる」と説く。

第4章

この章では、これからも駅が残されることは間違いないものの、近年になってその役割、位置づけが大きく変わり、今後の在り方が再検討される時期に差し掛かっているものを集めてみた。

もちろん、位置づけが変わったからと言って、すぐに取り壊されることはないのが鉄道施設だが、ニーズの変化によってその姿が少しずつ変わってゆくことも予想される。それは鉄道を研究する者にとって、興味の尽きない対象となるはずだ。

時代、あるいはニーズというものが常に変わり続けるものであるとするならば、鉄道もまた変わり続けなければならない。大規模な構築物はそのままであったとしても、サービスの在り方を変えることで、顧客の満足度をさらに高めてゆくこと。これは業種を問わず、あらゆる事業者に求められる姿勢であり、腕の見せどころでもある。これまでの鉄道は、その分野をもっとも不得手としてきた感があるが、この一点においても、鉄道も変わっていかなければならないのである。

稚内

JR北海道宗谷本線

1928(昭和3)年12月26日開業

日本最北の駅。
駅舎は近年になって改築され、街も落ち着いた佇まいを見せているが、
宗谷本線自体の存続が危ぶまれる時代が訪れている。

採算性を問うという本来あるべきでない議論

日本最北端の駅。開業時の駅名は稚内港（わっかないみなと）で、稚内とサハリンの大泊（現在のコルサコフ）を結ぶ稚泊航路への乗船客の利便を図るべく、稚内から1駅間1・2㎞が延伸されて当駅が開業した。その後、線路はさらに栈橋に向かって延び、1938（昭和13）年10月1日には栈橋に隣接する場所に仮乗降場として稚内栈橋駅が開業する。この仮駅は戦時中の稚泊航路の廃止によって使用が中止されるが、まだ20代の若い技師が設計したコンクリート製の波除けが設けられるなど、積極的な施設の改良も行われている。稚内は日本最北の町であるが、連絡船の発着するターミナルとして重視されたのだろう。

稚内から大泊までの所要時間は当時片道8時間。それは青函連絡船のちょうど倍となり、青函連絡船が渡る海よりも条件が厳しい外洋を船は走る。冬の厳しさは言うまでもなく、その代わりに短い夏の間は素晴らしい船旅となったと当時を知る人は語るが、そんな遠い過去の記憶も今では風化しつつある。

稚内は宗谷湾に沿って南北に広がる細長い平地に作られた町で、今も市の中心部は、かつては稚内駅を名乗った南稚内駅の周辺にあり、終着駅は町の外れにある。それもあって駅周辺はよく言えば落ち着いた、悪く言えばうらさびしい雰囲気もあって、それも日本最北のターミナル駅には似合っているようだ。駅舎は2011（平成23）年に開業した新しいもので、今は商業施設とも一体化した機能的な姿になっているが、旅情を求めてやってきた旅行者には、かえって物足りないかもしれない。この駅が特別な存在であることは、昔から何も変わらないのである。

そんな稚内駅も、近年は置かれている立場が、微妙に変わりつつあるようだ。宗谷本線の存在意義が、改めて問われるようになり始めたのである。

近年のJR北海道が合理化を強く推進しようとしているのは多くの人が知るとおりで、「本線」と名前が付く路線であっても、あっけなく姿を消すようになってしまったのが、現状である。もとより、北海道はそのほとんどが過疎地帯と呼ぶことができるような土地柄であるから(だからこそ、北国のこの地が、大きな発展を遂げる可能性があると、脚光を浴びた時代もあったのだが)、あらゆる事業について、採算性を基準に議論を進めるのであれば、鉄道などひとたまりもない。それをも踏まえて鉄道の民営化が進められたはずだったのだが、金利の低下による基金の価値の喪失という想定外とされる変化によって、経営の在り方が問い直される事態となってしまった。経済が生き物である以上、金利の低下は当然見込まれているべき状況であり、国レベルでの経営の抜本的な見直しが行われてしかるべきなのだが、その論議はさされないまま、採算性の低い部門が次々に切り捨てられているのが現状である。

健全な形で鉄道を残すための方策を見つけたい

過疎地帯に建設された鉄道というのは、何も北海道に限った話ではなく、世界にはそれこそ無数に同様の環境下に鉄道がある。しかし、それらの路線の多くが、続々と廃止されているというニュースが入ってこないのは、それが社会的に存在を守られていることに起因し、その多くが軍事的価値を理由に掲げている。つまり、戦争が始まるようなことがあれば、兵器と兵員を運ぶために鉄道を残しておく必要があるというものだ。

これは乱暴な理論ではあるが、説得力はあるもので、ヨーロッパ諸国においても、有事への備えを旗印として、赤字路線であるにも関わらず、合理化の俎上に上がることのない路線は数多いようだ。一方でイギリスのように、早々に鉄道の経営が破綻してしまった国もあり、戦闘機とイージス艦があれば、国土の防衛は可能という考え方が先行したこともその一因と噂されることもある。その理屈を当てはめるのであれば、日本という国の立地は「大陸から少し離れた場所にある島国」という点で、彼の国と一致する。それをもって、日本の鉄道にも将来はないなどと考えるべきでないことは、もちろんである。

宗谷本線、あるいは北海道の多くの駅が、その存在意義を問われたことは、これまでにも幾度もあって、宗谷本線についても、軍需を視野に入れた議論がなされてきた。曰く「90式戦車」を鉄道で運べるかどうかである。

その答えはともかく、今一度、健全な形で鉄道を残す方策への国を挙げた取り組みは、そろそろ始められるべきだろう。手っ取り早い施策で泣かされるのが弱者ということになればそれは戦争と同じで、国のあるべき姿とは対極のものとなる。もしも、今でも天北線や、深名線や、胆振線や、その他全国の鉄道がすべて残されていたのなら、鉄道旅行はとても楽しいものになっていたはずだ。

宗谷本線を残す術はどこにあるのだろう？　もしもその方策を見つけることができたなら、沿線に住む多くの人の、これまでと変わらない生活が担保されるに違いない。もしも鉄道がなくなったのなら？　少なくとも、過疎化がさらに進むだろう。

札幌

JR北海道函館本線

1880（明治13）年11月28日開業

多くの人が憧れる街、札幌。この街の中心に建つ駅も、今は変貌を強いられ、
その価値がいかにあるべきかが問い直されている。
100年後に通用する駅づくりができるかどうか。

北海道の駅には特別な格式が備わっていて欲しい

上野駅を「東京の玄関口」と呼んだのは谷崎潤一郎で、谷崎の時代であれば長い旅は鉄道に頼るほかになく、なるほど上野駅は、これから長旅に出るにせよ、長旅を終えて辿り着くにせよ、それにふさわしい風格を備えているように感じられる。近年は、新幹線の延伸や、競合交通機関の台頭によって、上野駅の地位がやや低下した感もあるが、北国の旅の思い出に、この駅が登場することは多い。駅とは様々な建築物の中でも、特にシンボリックな存在で、だからこそ、明治の鉄道開業以来、多くの人が駅の建築に力を注いだのだろう。

それでは、北海道の玄関と呼ぶにふさわしい場所はどこだろう?ひと昔前であれば、それは函館駅に違いなく、あるいは連絡船から見上げた函館山を挙げる人もいるかもしれない。しかし、こちらの方も近年は位置づけが変わりつつあり、実は函館を経由して北海道を旅するには、それなりに時間を要する。すると、新千歳空港が現代の北海道の玄関と呼ぶにふさわしいかもしれない。これが帯広や、女満別となると、そこは玄関ではなく、現地である。

それでは札幌駅はどうなのかというと、どうもこの駅は玄関のイメージが希薄である。ようやくたどり着いた場所ということであれば、それも玄関には違いないが、むしろ今の札幌駅は、終点か、経由地というイメージが強い。新千歳空港のバゲージクレームで荷物を受け取ってヤレヤレ。そこからすぐに電車に乗って、少しすると札幌駅に到着。このテンポが、ここを玄関と捉えづらい一因なのかもしれない。さあ北海道に着いたという開放感は、「北斗星」で札幌駅に到着した時には強く感じられ、帰路に「北斗星」に乗車する際にも惜別の情が感じられたものだった。旅行者にこの感覚を提供することは、案外鉄道の大切な役割かもしれない。惜別の情を感じるからこそ、再訪の念にとらわれ、そこが思い出の地、憧れの地となるのである。やはり駅という施設は、利用者に何だかの思いを抱かせる格式が備わっていることが望ましいのである。

市街地の真ん中の高架上に巨大な構築物が築かれる

それでは現在の札幌駅はどうだろう。地上にずらりとホームが並び、発車番線に辿り着くのに相応の時間を要した時代は、そろそろ思い出がぼやけているが、今の札幌駅も駅舎には相応の壮大な雰囲気が漂っているようだ。ただし高架上に並んだホームは成功作とは言えないようで、1本の線路に2方向の列車が停車する不自由さである。これも苦肉の策ということになるのだろうが、しかし、高架線の両側にはもう高層ビルがずらりと並んでしまったので拡張などできるわけがない。この不自由さを解消するためには、まったく別の場所か、大深度の地下に新駅を作る以外に方法がなく、一民間会社として毎日のやりくりをしているＪＲ北海道に歴史的プロジェクトの推進を期待するのは難しい。これも民営化ゆえの苦境と言ってしまうのは酷だが、現代の鉄道会社が、初めて北海道に鉄道を建設した時のような、大きなスケールを持ちえないのは気の毒であるばかりだ。

建設が進められている北海道新幹線の札幌駅をどのような形にするか、簡単には終わらない議論になったのも記憶に新しいところだ。一応現在は、新幹線札幌駅のドラフトも落ち着きを見せたようだが、現代の鉄道建設のことである。これから先にまた幾度もの障壁にぶつかるであろうことは想像に難くない。国家的プロジェクトとも言える中央リニア新幹線でさえ、建設工事はあの様である。これが単なる営利の枠を超えた、これからの日本の行く末を左右することになる大切なプロジェクトであることを説くことができる人間が、なぜ鉄道事業者にも、政府機関にも現れないのだろう。右往左往するばかりでは、利用者に期待される存在とはならない。当たり前の話である。

札幌駅は「民衆駅」として建設されたという経緯を持つ。この言葉も、最近はすっかり耳にする機会が減っているが、戦後の施設復興を急いだ国鉄が、駅舎の建設に際して、地元資本の参画を得たもので、1950（昭和25）年4月1日に開業した豊橋駅がその第一号とされている。1952（昭和27）年に誕生した4代目札幌駅はその8例目とされ、1990（平成2）年に現行の駅舎が完成するまで使用されている。いわば札幌駅も、地元と歩調を合わせて歴史を築いてきたということになる。

新幹線の札幌駅は、現在の札幌駅の東側に創成川を跨ぐ形で設置され、さらに駅に隣接する高架上に車両基地が設けられる予定となっている。車両基地の高架化は雪対策のためとアナウンスされている。

懸念されるのは、この場所が札幌市街の中心部にあることで、高架上に誕生する巨大な構築物が、環境や、あるいは市民の生活にどのような影響を与えるかについては、現在は不明瞭だ。新幹線札幌駅の開業は2030年。ローカル線廃止の問題などで、地元との協調に翳りが見えているＪＲ北海道の、皮肉な象徴となってしまわないことを祈るばかりだ。

奥津軽いまべつ

JR北海道北海道新幹線

2016（平成28）年3月26日開業

北海道新幹線の開業に際して青森県今別町に設置された駅。
在来の津軽線との接続駅となっているが、利用者数は新幹線全駅の中で最少。
その存在意義が問われている。

駅の利便性を決定する要素とは何か

　新幹線の駅で、廃止になった駅はまだない。当たり前といえば当たり前だけれども、一日の利用客数であるとか、地域への貢献度を考えたときに、少なくとも今のままではよろしいはずがない、という駅は幾つかあるのではないだろうか。いつの時代でも、鉄道は政治の道具、もっと言えば、政治家の得票の道具とされてきた。今日でも新幹線の駅には昔と変わることのないその色合いが透けて見え、時に暗たんとした気持ちにさせられる。

　この奥津軽いまべつ駅をその代表とするわけではないが、北海道新幹線の中間駅に、さまざまな政治的思惑が投げかけられていることは間違いがないところだろう。北海道新幹線の開業前に、工事現場の近くで耳にした「新幹線の駅というのは、できたらそれでおしまいなんですよ」という有力者の言葉は、政治家にとっての新幹線の位置づけを明確に表している。

　現在、この駅に停車する列車は上下各7本。新幹線の駅のものとしては確かに少ないのだが、この数字をもって「不便だ」とは言い切れない。なぜなら新幹線は長距離移動のための乗り物だから。利用者は自分が乗る列車の発車時刻を確かめてから家を出れば良いだけのことで、復路も同様である。東京から長崎に帰省する人が、ブルートレイン「さくら」が1日1本の運転だから使いづらいとは考えないだろうことと同じことで、要はTPOの問題である。ブルートレイン「さくら」は無くなってしまったけれど。

　それでは、ここに新幹線の駅を作るべきではなかったのか、というならば、そうなのかもしれない。駅の建設費用、維持費用、駅ができることによる収入増があるのか、などを考え合わせてみれば、恐らく割に合うことはないだろう。利用者数が少ないのだから。奥津軽今別駅の一日あたりの利用者数は、２０１９年度の実績で26名と発表されている。これはもちろん、新幹線全駅の中で最少の数字となっている。何もかもを多数決で決めてはいけないのは交通政策の基本であるが、新幹線の駅に相応の維持費がかかることを思えば、この数字が物足りないものであることは明確だ。

一方で、駅は地域を開発する拠点となる、だから積極的に設置するべきであるという考え方もあって、この考え方は東海道新幹線が開業して以来、変わることなく説き続けられてきた新幹線の駅の特質である。ただこれについても、東北新幹線の幾つかの駅などが、必ずしも駅周辺を発達させるに至っていないことを考え合わせれば、説得力は弱い。鉄道や駅ができれば、必ずその地域は発展するという考え方は、少なくとも現代という時代には通用しない。

新幹線は出来上がったけれど

それでは出来上がってしまった新幹線の駅を、これからどう扱ってゆくのかという問いに、ここで答えを出すことはできないし、出すべきでもない。問題はそう簡単ではないはずである。そして、このような高度な政治的判断を含む問題は、十の立場があれば十の解答が出る。青函トンネルの処遇が未定のままだった時代があった。トンネルが完成することは間違いがなくなったが、それではこれをどのように使うべきなのかについては、答えが見つからなかったのである。予定通り新幹線を通すべきだ、いや、新幹線の開通にはまだ時間がかかるから、先に在来線を通すべきだ。完成したところで赤字が増えるだけだから、完成を待たず破棄するべきだ、いや巨大な構築物は完成するのだから、これを利用してキノコ栽培をするべきだ、などの様々な案が、どれも真剣に論議されたのである。このキノコ栽培という意見を、建設現場の責任者は「情けない」と切り捨てたが、しかし、この案にしても、これ以上の巨額の赤字を生み出す可能性はないという点において、まるで見当はずれなものではない。

北海道新幹線は、今は札幌延伸の工事が続けられている。函館在住の人の中には、新幹線の速達性に気が付き、今度は札幌への早期開業を望んでいる人もいる。これはもちろん正しい感覚で、ただ、現代という時代が、環境問題や、財政の問題までを含めて考えれば、手放しでは喜びきれないと言う、複雑な時代になってしまったということである。東海道新幹線が開業した時に誰もが感じた大きな喜びを、現代人はもう感じることができないということである。

新幹線が開業する遥か前に作られた東北特急を紹介する映像作品では、「特急やまびこは、上野と盛岡の間をわずか6時間あまりで結んでいます」と紹介してハッピーエンドとなる。けれども今、仮にこの時間で走る列車が運転されても利用者がいるとは思えない。現代の新幹線ネットワークは、それだけ高いポテンシャルを備えた魅力的な交通機関となった。その一方で、駅の設置を巡る地域社会の分断や、地域格差の拡大、維持費用の負担の在り方など、数えきれない難問が生み出されてしまったことも事実だった。そしてこの難問を解決するには、まだ相当な時間が要されそうな気配である。

十和田南

JR東日本花輪線

1920（大正9）年7月4日開業

木造駅舎とスイッチバック構造が残る花輪線の駅。
今は輸送のメインラインから外れ、典型的なローカル線の様相を呈しているが、
それだけに趣味的な魅力が残されている。

1930年に実施された駅舎デザインの標準化

　JRが発足して38年が経つ。日本国有鉄道を民営会社にするという、あの政治的決着は今にして思えばいささか拙速であったのかもしれないが、国民はそれを歓迎した。巨大化し過ぎた国鉄という組織の末期は、労使関係の行き詰まりが顕著で、労働組合の過激な要求、あるいは牽制が国民にも知られるようになり、一般的な民営会社とはあまりにもかけ離れた組織の風土が、利用者である国民に大いなる不安や、不満を与えていたのである。

　それでもなお、これだけの時間が経過していながら、国鉄の姿を懐かしむ声は多い。それはもちろん職員の働きぶりを讃えるのではなく、あの組織には一本筋が通った凛とした姿勢もあって、たとえ乗務員がいささか無愛想であったとしても、運輸という面では真面目であり、車両や、駅などの施設についても、堅実とでも呼ぶべきデザインが一貫して用いられていたことに拠るものであるようだ。

　国鉄時代の様式美を感じられる施設の一つが駅舎である。駅舎が木造で建てられるのが当たり前だった時代には、多くの駅舎が国鉄の規範に則った形で建てられた。国有鉄道が駅舎の標準化を始めたのは1920（大正9）年のことで、鉄道省工務局に建築課が設置され、さまざまな基準が制定されている。そして1930（昭和5）年には「小停車場本屋標準」が制定され、1号から5号の駅舎形式が定められている。この5種類の標準は、駅の立地条件によって使い分けられているが、私たちが国鉄の木造駅舎という言葉を聞いて思い出す、あの形式がこの時に定められている。標準化という工業デザインの一工程は、利用者にブランドイメージを植え付けることができる。もちろん建設にあたっての資材の調達や、工程管理にもアドバンテージがあり、規定が定められた本来の目的はそちらにあるのだろうが、結果として国鉄のイメージを定着させることにも役立ったことになる。

昭和という元号に換算すれば2025年で100年となる現在に、昭和初期に建てられた木造建築物が残っていることは稀だが、その後に建てられた建物であれ、若干の変更を加えながらも規定を尊重したデザインのものが建てられており、その姿を見つけた私たちは、古き良き時代の鉄道の面影を見取って安堵することになる。

今や貴重な存在となった木造駅舎が残る駅

花輪線の十和田南駅にも、国鉄の伝統的な様式を備える駅舎が残っている。この駅がスイッチバック構造を採用しているのは、今は行き止まりとなっている線路を延長する計画があり、それがとん挫したことによると言われ、地形的な制約を克服するために建設されることが多いスイッチバック駅とは趣が異なっているが、列車が進行方向を変えるのは趣味的には楽しく、鉄道旅行の途上のちょっとしたスパイスになっている。

十和田南駅が誕生したのは1920（大正9）年7月4日のことで、当時の駅名は毛馬内、ちょっと珍しいこの地名はアイヌ語に語源があるとされ、ケマナイをアイヌ語で直訳すれば「漁具の川」ということになるという。北東北にはアイヌ語が語源と考えられる地名が多いから、太古の昔はこの地でもアイヌ民族が先住民となっていたのだろう。

国鉄の蒸気機関車が最末期を迎えた時代、この花輪線も鉄道ファンの憧れの路線となっていた。この地での主役は8620形で、大正時代に量産されたこの旅客用蒸気機関車は、使い勝手の良い機関車として全国に足跡を残し、この花輪線では貨物列車のけん引にも充当された。しかし、本来が旅客用として設計されていたことから、重量列車のけん引は増えてで、列車が少しでも長大化したのなら、すぐに重連を仕立てなければならず、それも花輪線の8620形の魅力とされていたのである。

そんな花輪線も近年は注目されるトピックにも恵まれず、典型的な一ローカル線として時を送っている。もちろん、時を経るごとに施設は老朽化するのだから、懐かしい十和田南駅の駅舎も、いずれ姿を消すことになる。現時点では駅の廃止がアナウンスされることはないが、2024年4月1日には当駅も無人化され、淋しい姿になってしまったのは事実だ。

かつて、鉄道の駅には必ず駅員がいて、それは単に客扱いだけでなく、運転の安全を確保する役割も果たしていた。けれども駅に行けば必ず人がいるということが、特に人口の少ない地域において、利用者に大きな安心を与えていたという一面もあり、それが国鉄という組織への信頼にもつながっていた。現代の駅の無人化が、その一面をスポイルさせていることは否めない。

森羅万象のすべてを記録することはできないが、私たちファンは年代物の鉄道遺産に出会ったのなら、写真の1枚も撮って、その姿を記憶と記録に残すように努めたい。「過去を撮ることはできない」。これはユネスコの親善大使であった黒柳徹子さんに同行し、世界120か国以上の国、地域を訪れて撮影を続けた写真家、田沼武能の言葉である。

東京スカイツリー

東武鉄道伊勢崎線

1902(明治35)年4月1日開業

東武鉄道の起点として設置され、浅草と歩調を合わせて変貌を続けてきた駅。
駅周辺も変貌が続き、今はまた変革が求められる時期が到来している。

いち早く発展した「東京の東の町」

「火事と喧嘩は江戸の華」という、これまでに幾度となく聞かされてきた言葉についてその出自を調べると、喧嘩が多かったのは、江戸っ子、というよりも江戸に住まう人間の気が短かかったことを指し、それは当時世界最大といわれたこの町が、地方からの流入者も増えて、著しい競争社会になっていたことを意味しているという。一方の火事については、当時の消火の能力があまりにも低かったことを意味しているという。幾度もあった江戸の大火は、関東大震災や空襲と同じように、江戸の町をリセットする効果があり、「振袖火事」の異名もある1657（明暦3）年に発生した明暦の大火では江戸城の天守閣までが焼失し、数万人の死者が発生している。しかし、以後に隅田川を中心とした低湿地の開発が幕府の指導の下に進められ、本所、深川といった町を中核とする一大繁華街が形成された。これらの町はその後に中小企業による一大工業地帯へと発展し、その流れは1964（昭和39）年の第18回東京オリンピックの開催を契機とする、東京の街の一大リストラクションの時代まで続いている。供養のために焼いた振袖が延焼し、漫画『巨人の星』に出てくる長屋を作ったということか。

隅田川の一帯が急速に発展したのは、この一帯に隅田川が運んだ土が堆積した平地があったためで、当時の主力交通機関であった小舟を運用するための運河を掘削する上でも有利だった。丘陵地帯が広がる東京の西側よりも、徒歩での移動は楽だったという一面もあったろう。

現在は日本を代表する私鉄に成長した東武鉄道が鉄道敷設を申請したのは1895（明治28）年4月

6日のことで、当初は都心側のターミナルを千住とし、これは後に小梅へと改められた。この小梅が後の本所吾妻橋駅となる。その後の紆余曲折はあったが、駅は1902（明治35）年4月1日に開業し、駅名は1910（明治43）年3月1日に浅草へと変更されている。隅田川のほとりに拓けた浅草は当時の東京を代表する繁華街で、鉄道各社がこぞって浅草への路線延伸を画策した。

路線建設の免許取得合戦に敗れた形となった京成電鉄は、隅田川の対岸となる押上にターミナルを求め、後に大工事を敢行して上野に達した。日本で初めての地下鉄道となる東京地下鉄道は上野駅と浅草駅の間を最初の開業区間とし、同社との相互乗り入れも視野に入れて都心への延伸を画策した京浜電気鉄道は、やはり紆余曲折を経た後に都営地下鉄との相互乗り入れを実現させて、自社の車両を浅草まで走らせた。浅草を巡る鉄道各社の争いは、戦国武将の淀川と大阪の町を舞台にした覇権争いを思わせる。

私たち自身が気が付かない日本の街の美しさ

昭和中期以降の浅草は低迷期に入った。新宿、渋谷、池袋など、アクセスに秀でた繁華街が若者の心を惹き、古い時代の面影を捨てきれない浅草には場末の町という雰囲気が漂うようになった。浅草復権を旗印として幾度かの巻き返し策が講じられたこともあったが、特効薬とはならなかった。

そんなイメージが大きく変わったのが2012（平成24）年5月22日の東京スカイツリーの開業だった。タワーとしては世界一の高さを標ぼうする高さ634ｍの塔を中心として、押上界隈の雰囲気が刷新されたのである。

スカイツリーの開業を前にした3月17日には駅名

を業平橋から現行のものへと改め、この駅が東京の新しい観光スポットの玄関であることがPRされた。

２０１９年3月23日には新たにホーム延伸工事が始められた。これは当駅と曳舟駅の間にある踏切を解消するための線路の高架化工事に伴うもので、工事が完成すると当駅は東に約１５０ｍ移転することになり、駅の姿も再度改められることになる。これに合わせて墨田区は駅周辺の再開発を行う予定で、駅から少し離れると昔ながらの小さな建物が並ぶ風景が、近代的な姿に生まれ変わることが予想される。

もっとも、浅草や、押上は、昔と変わらない姿でいて欲しいという、私たち外部の人間の身勝手な願いも強く残っているはずだ。その意味で東武浅草駅と一体となっている商業ビルが昔のイメージを再現しながら、改修されたのはクリーンヒットだった。当駅の移転を機に新しい街づくりがされるのであれば、東武浅草駅と対をなすようなクラシカルでエレガントな建物が建てられれば楽しい。

思えば今もヨーロッパには、１００年前と変わらない姿の建物が数多く残り、天井が高い部屋は白熱灯の暖かい光に照らされ、けれどもインターネット時代にふさわしいインフラはきちんと整備されている。何もガラス張りの高層ビルを建てなくても、新しい時代には対応できるのである。インターネットを通じて海外の鉄道ファンと情報の交換をしていると、彼らは一様に、日本の街がきれいであることに驚く。それは「beautiful」という言葉ではなく「clean」という言葉を使ってである。ゴミも落ちていなければ、落書きもない、と驚く。

私たちが気がつかないこのアドバンテージがさらに推し進められ、浅草・押上が世界の中心になれば痛快だ。

国道

JR東日本鶴見線

1930（昭和5）年10月28日開業

私鉄の駅として昭和初期に開業。
開業当初は地域を代表する繁華街として賑わったが、
時代に取り残される形で、近年は廃墟を思わせる様相を呈している。

映画、テレビのロケ地に選ばれることも多い駅

人の名前の付き方に流行り廃りがあるように、駅の名前の付き方にも流行り廃り、あるいは時代を反映させた傾向があるようだ。鉄道黎明期の官設鉄道は、まずそれぞれの地域を代表する「大きな」名前を付けた。「東京」「名古屋」「大阪」…。これは考えてみれば随分と大掴みな命名法で、駅が建っているあの場所が、本当に東京や大阪を代表する土地なのかについては百人百様の見解があるに違いない。東京にせよ、大阪にせよ、さほど広い地域ではないからまだ良いが、「長野」となると、少し考え込んでしまう。信州には北信も、佐久も、諏訪も、木曽も、伊那もあって、北信のあの地をもって「長野」を名乗るべきなのかは、これは今でも難しい問題のように見受けられる。それでも、国の鉄道は、とにかく最初に駅ができた場所にその地域を代表する名前を付けてしまった。まだ交通のネットワークが粗い時代であったからそれが通用したのだろうし、オカミの力とでもいうべき解法であった。

時代が大正から昭和初期まで下ると、鉄道の主力が電車にシフトしてゆく。電車は短距離でのゴー・ストップを得手としているから、自ずから電車鉄道は駅間距離が短いものとなり、すると「学校裏」などという「東京」「大阪」などとは桁違いのスケールの小ささを感じさせる駅名も登場する。「学校裏」は、後に「平和島」へと名前を変え、少し陽の当たる場所に出てきた感があるが、つまり鉄道がそれだけ、市民にとって身近な存在になったということだろう。これが昭和中期になると、今度は「つきみ野」、「すずかけ台」などが登場して、少しお高く止

まり始める。住むのであれば、やはり恰好良さげな地名の方が良いに決まっているから、これも致し方ないところである。

さて、「国道」である。この駅名のスケールが大きいのか、小さいのかはにわかには判断がつきにくいが、現在はJR鶴見線となった鶴見臨港鉄道がこの地に駅を設けた時、高架下に延びていたのが国道1号線であったから、誇らしい名前であったのかもしれない。その後、国道1号線にバイパスができて、その「第二京浜国道」が国道1号線となると、「第一京浜国道」は国道15号線を名乗るようになる。当初からこの道が国道15号線であったなら、この駅が国道を名乗ることはなかったかもしれない。

その国道駅が、今、何やらうらぶれた廃墟のような様相を呈しているのは多くの人が知るところで、最近はミステリーのロケ地に選ばれることも少なくないようだ。高架下には、かつては商店だったのだろう2階建ての建物がずらりと並び、しかし、そのほとんどが今は閉め切った状態となって埃が溜まっている。変わることなく残された幾つかの看板もあるのだが、看板に描かれた商店が今も健在なのかは不明だ。鉄道が開業した時には、この高架下は、雨に濡れることなくショッピングが楽しめる繁華街として賑わい、丘の上に広がる花月園遊園地と共に楽しむスタイルが人気を博した。それは戦争前の遠い昔のことである。

大都会の片隅に残された「生きた廃墟」を再開発しようとする動きは、これまでにもあったようだが、この地に住まう人たちの思惑やさまざまな権利などが絡みあって、リニューアルが実施に至ることがなかった。何よりもこの駅が鶴見駅から至近の地にあることから、商業施設を作ってみても十分な存在意義を発揮できないという可能性もある。勿体ない場所でありながら、十分な活用法も見出せないというのが、国道駅周辺の現状となっている。

近年の鶴見線沿線、殊に鶴見駅に近い一帯は、急速に姿を変えている。技術の進歩などによって工場街の空気もクリーンになったということだろう、マンションが何棟も建てられ、東京への通勤も便利な町として、多くの人が入居するようになった。かつては工場への通勤路線だった鶴見線が、東京への通勤路線となったのである。

その中心ともなっているのが、鶴見小野駅の周辺で、この一画にはマンションの建設が進み、これまでの鶴見線のイメージとは異なる景観が生み出されている。

これまでの鶴見線のイメージとは、低い家並と工場が連なり、やや古ぼけた印象がある駅にはいつも数多くの貨車が留置され、それがいつになると動き出すのかは解らない。けれどもそこには、この産業が日本を支えているという確固たる信念、時代の息吹というものを感じられた。

鉄道ファンにとっては、この時代の鶴見線こそが、もっとも魅力ある存在であったことだろう。旅客営業に使用される電車は、どれも他線区からのお下がりであったが、それもまたこの路線によく似合ったものであった。それも今は昔。現在の鶴見線の旅客輸送は、新鋭のE131系が務めている。

そのような変貌が続く中で、昔の姿のままでいる国道駅。何よりJR東日本の駅であり、一定数の利用者もいるのだから廃止に至ることはないのだろうが、昔の姿のままで、ひたすらに老朽化が進んでいる高架下施設の、未来の姿を想像するのは難しい。

横浜

相模鉄道相鉄本線

1933(昭和8)年12月27日開業

大手私鉄の一つに数えられる相模鉄道(相鉄)のターミナル駅。
一日の乗降客数約31万人を数える一大拠点だが、
近年はその位置づけが変わりつつある。

神奈川県の中央部から路線を延ばした現在の相模鉄道

ＪＲなどと接続する横浜駅を起点に、今は海老名駅、湘南台駅などに路線を延ばす相模鉄道にとって、横浜駅の開設は悲願とされていた。それはもちろん、この鉄道の黎明期のことである。

現在の相模鉄道の前身となる神中鉄道は１９２６（大正15）年5月12日に、この鉄道の最初の路線となる二俣川駅と厚木駅の間を開業した。砂利輸送を主目的として設立された鉄道で、厚木駅で、現在はＪＲ相模線となった当時の相模鉄道と接続する。この旧・相模鉄道も砂利運搬を積極的に行い、寒川から分岐して相模川の河原に延びる2本の支線も有した。神中鉄道とも密接な関係を持ち、戦時中の１９４３（昭和18）年4月1日には神中鉄道を吸収合併し、その後は旧・相模鉄道が国に買収されて国鉄相模線となった。

砂利運搬のために鉄道が建設されるというのは、今日の目から見れば大仰なイメージだが、１９２３（大正12）年9月1日に関東大震災が発生して、船来の健在であったレンガを用いた建物が随所で崩壊すると、これに替わる建材としてコンクリートが注目された。コンクリートを作る原材料の一つが砂利となることから、この時代には全国の河原で、砂利の採取合戦が繰り広げられたのである。そして大量の砂利を運ぶということであれば、鉄道の建設が唯一の選択肢だった。

しかし、この時点ではまだ、横浜駅周辺に現代のような繁華街が形成されていたわけではなかった。国鉄は現在の東口の側に堂々とした構えの駅舎を建てた。戦後になっても、西口の駅前には米軍の資材置き場となっていた空き地が広がるのみであった。

相模線を国鉄に編入させ、新たにスタートを切った相模鉄道は、この地の再開発に傾注する。それは社運を賭けたプロジェクトであったろう。けれどもまだこの時点では、相鉄の横浜駅は、デパートの裏に木造の2線のホームが有されているのみだった。

新駅が手狭になる巡り合わせにさいなまれる

横浜駅西口の繁華街が順調に発展を続ける中で、開発が後手に回っていた印象もあった相模鉄道の横浜駅が大きな変貌を遂げたのは、1974（昭和49）年2月8日のことで、商業施設が入居するビルの2階部分に、櫛形のホーム3線4面が完成したのである。これに先立つ1973（昭和48）年11月20日には、この商業ビルの2階から5階部分がオープンし、オープン初日には入場規制がかかる盛況をみせたのだった。

こうして相模鉄道のイメージアップにも貢献した新しい横浜駅であったが、時代が下ると新たな問題に直面するようになった。余力を持たせて設計したはずの施設が、手狭となったのである。

この当時の相模鉄道は、横浜駅と海老名駅を結ぶ路線を有するのみであったが、沿線の住宅開発が進み、輸送力の増強が求められると、横浜駅が3線を有するのみであったことから、増発が不可能となる事態に陥ったのである。

運行に大規模はインフラを必要とする鉄道の弱み露呈したのだった。ビルの2階に作られた駅は、作り直すことはできないから、これ以上の増発をすることはできない。いきおい、朝の上り列車は、横浜駅の一つ手前の平沼橋駅付近で徐行運転を強いられる。先行する上り列車が横浜駅で折り返し、線路が空くのを待つためであった。ダイヤを作成の担当者がいくら頭をひねってみても、無い袖を振ることはできず、朝の上り列車の渋滞は、恒常的な風景となってしまった。

この状況に変化が生じたのは近年のこと。2019年11月30日に相鉄・JR直通線が開通し、JRを経由して相鉄の車両が都心へと乗り入れる新たなルートが誕生したのである。まだこの時点では直通列車の運転本数は少なく、直通線の開通と当時に開業した羽沢横浜国大駅は「秘境駅」とも揶揄されたが、2023年3月18日には、相鉄新横浜線と東急新横浜線が開通して、相鉄と東急の線路が新横浜駅で繋がり、相鉄沿線から都心へ向かうルートの利便性が飛躍的に向上したのである。

一方で、残された形となった相鉄本線の将来像はやや不透明なものとなってしまった。横浜駅で乗り換え、さらにその先で乗り換えというルートは、これから徐々に利用客数が減少する可能性を秘めている。その結果として3線のみだった横浜駅に余裕が生まれる可能性もあるが、これもまだ不透明な部分が残っているようだ。

これからの相鉄横浜駅が、どのような形になってゆくのか。この機に線路容量に余裕を持たせ、新横浜線との連携も容易な新しいスタイルの駅への改良ができれば理想的だが。

短期間であれば、工事の間は一部の列車を平沼橋駅止まりにしてしまうとか、JRの線路を間借りして、列車を鶴見駅方面に逃がす手も無くはない。少しの間は不便になるが、案外すんなりと解決するかもしれない。なにしろ市民は、横浜駅の工事が延々と続くことには慣れている。

主要参考文献

『日本国有鉄道百年史』（日本国有鉄道）
『日本鉄道請負業史』（日本鉄道建設業協会）
『鉄道ピクトリアル』各号（鉄道図書刊行会）
『鉄道ファン』各号（交友社）
オンライン版新聞各紙

写真出典

池口英司（国吉、大畑、土合、小和田、海芝浦、船町、東名古屋港、和田岬、備後落合、稚内、国道、横浜）
上野弘介（ガーラ湯沢、奥津軽いまべつ）
桐山朋水（猿猴橋町、板谷、清和学園前、大行司、札幌）
PIXTA （秩父別、目名、三厩、津軽大沢、長門本山、小幌、大前、板荷、只見、閑蔵、坪尻、宗太郎、折渡、奥新川、芝山千代田、平岩、津島ノ宮、十和田南、東京スカイツリー）

おわりに

本書は日本全国にある駅について、その位置づけを見直しても良いかもしれない時期に差し掛かっているものを採り上げ、駅の役割とは何か、単にそこで列車に人を乗せるだけでない役割、利用者との関係について思いを巡らせたものである。気の早い読者はまたぞろ、駅を無くせというのか、煽るのかと仰るかもしれないが、まさかそのようなことはない。どの駅だって必ずなにかしらの魅力は備えているもので、だからこそ失われてはならないということである。

いま、日本の鉄道は急な坂道を転げ落ちているさ中にある。列車は減便され、駅の窓口も、車内販売も、駅も廃止されている。残された駅も、利用者の少ないものは駅員がいなくなり、改札口には端末がぽつんと立っている。切符の販売方法にしても同様で、乗車券はともかく、割引切符の類はインターネットでの発売のみというスタイルがまかり通り、つまりインターネットを操ることができない人は、鉄道に乗らなくても良い、という考え方である。

このやり方が、少なくとも最上のものであるとは思えない。それは利用客離れを招き、ひいては事業者自身の首を絞める。何もしないことがいちばん偉いという、管理者にとっては扱いが楽な減点法が横行してしまったことの結末が、今の鉄道の世界であり、日本である。

毎年のように数を減らし続けている駅の多くは、人口が少ない地域にある利用者の少ない駅である。ここにも多数決を持ちこむならば、これらの駅は廃止した方が良いということになるのだが、代替交通機関も脆弱な地域であるならば住民の鉄道への依存度が高いということも忘れてはならない。未開の原野を拓いて鉄道を通した先人たちの情熱に思いを馳せることができたなら、まず鉄道ありきという考え方が生まれるはずだ。苦しい時を頑張り抜き、けれども涼しい顔をして「特に異常ありません」とひとこと報告をしてみせることが鉄道人の特権であり、見せ場である。

社会への愚痴はともかく、次の休日には列車に乗って旅に出よう。まだ一度も降りたことのない駅があったなら、一度そこで降りて何かを見つけよう。それは間違いなく、自分という人間の領域を広げる作業になる。

鉄道趣味の世界において、車両の研究がその第一であることは間違いのないところなのだろうが、駅などの施設についても、もっと目を向けてみたい。そこにも鉄道と人の関係性を見出すことができる。鉄道研究の対象がさらに広がってゆく。

最後になってが、本書の発行に際しては、イカロス出版書籍編集部の佐藤信博氏に大変にお世話になった。ここで御礼申し上げる。縁の下の力持ちどころではありませんでした。ええ。

２０２５年２月
池口英司

秘境！異境？魔境！？
いま行っておくべきレッドゾーンの鉄道駅

2025年3月20日　初版第1刷発行

発行人　　山手章弘
編集担当　　佐藤信博
デザイン・装丁　小林加代子、大久保毅
発行所　　イカロス出版株式会社
〒101-0051 東京都千代田区神田神保町1-105
contact@ikaros.jp（内容に関するお問合せ）
sales@ikaros.co.jp（乱丁・落丁、書店・取次様からのお問合せ）
印刷所　　日経印刷株式会社

Printed in Japan　ISBN978-4-8022-1587-9